朝日新書
Asahi Shinsho 815

定年後の居場所

楠木　新

朝日新聞出版

（第一部は、夕刊フジに毎週連載の「定年後の居場所」（２０１８年〜）に加筆・修正している）

定年後の居場所　目次

第一部　『定年後』のいま　13

第1章　生涯現役　25

第4章　こころの居場所　95

第二部　終着駅は始発駅　203

図版・谷口正孝

第一部 『定年後』のいま

コロナ禍で立ち止まる

昨今の話題の中心はすべてコロナ禍だといっても良いだろう。「2020 ユーキャン新語・流行語大賞」では、年間大賞は小池東京都知事が発した「3密」で、トップテンには、「アベノマスク」、「アマビエ」、「オンライン◯◯」、「GoToキャンペーン」、「ソロキャンプ」などコロナ禍関連が数多く入っている。2021年になっても年初から緊急事態宣言が発せられて、ワクチン接種が世界的に始まりつつあるものの先行きは不透明である。

私も今までの生活や仕事内容の変更を余儀なくされた。2020年の大学の春学期は対面ではなく、すべて遠隔授業になった。週に6コマの授業では、教壇には立たずパソコンのサイトを通じて学生とやり取りを行った。またコロナ禍の前は依頼を受けた講演や企業研修をスケジュールの関係からお断りすることもあったが、2020年3月以降はほとんどすべてキャンセルまたは延期となった。

講演で全国各地に足を運ぶことが私にとっては程よい気分転換になっていたのだが、その機会が根元から蒸発してしまった。また家族で行くはずだった旅行も、親しい友人との定期的な会食や会社員当時の同期会もすべて中止になった。

毎月のように出版社との打ち合わせや講演・研修で上京していたが、ほぼすべてネットで代替するようになった。この一年あまりで上京したのは1回だけだ。また関西での取材や打ち合わせも少なくなり、会社員当時から使っていた大阪淀屋橋のレンタルオフィスも引き払った。この8年間は私の一番の居場所でもあったので、書籍や書類など机の周りをすべて片付けた時には感慨深いものがあった。

一方で、個人的にはスポーツクラブを退会して自宅で青竹ふみ健康法を始めた。また、IT音痴の私が授業の必要性からなんとかＺｏｏｍを使えるようになったというおまけもあった。Ｚｏｏｍのチャットやサイトの掲示板をうまく使えば、対面の授業よりも学生と一対一で向き合えるメリットもあることに気がついた。

なんといってもこのコロナ禍で一番影響を受けたのは、長い空白の期間が生じたことだ。一旦立ち止まって働き方や生活を自ら見直す機会になった。ただ今まで忙しく取り組んでいたことがすべてなくなると、その分の時間を執筆に全集中できるかというと全くそうではなかった。逆に、本を読むことも、モノを書くことも調子が出ない状態が続いた。

時間の余裕があるから何かできるといったものではなく、ある程度ルーティンをこなし、人と会って語ることで生活にリズムがつく。そのことが日々を充実して過ごせる原動力になっていることに気づいた。阪神・淡路大震災で被災した体験からいうと、コロナ禍は災害による極限状態とは違って、頭の中で作っている不安がひたすら続くのでかえって厄介だと感じていた。

65歳は分岐点

前述のような状態がしばらく続いたがコロナの感染が一時的に下火になった2020年9月に同窓会に出席した。当然ながら私と同世代の65歳前後のメンバーばかりが集まった。例年より参加者は少なかったが、かえって各人の状況を互いに確認しあうことができた。

その時に気がついたのは、誰もが一旦現役を引退していたことだった。5年前の60歳の時は定年を迎えてもほとんどが現役で、出席した20人あまりの同窓生の中で、無職なのは私を含めて3人だけだった。多くが60歳以降も雇用延長で働き、子会社や関連会社に出向、なかには役員になってバリバリ活躍している人もいた。しかし今回は、大半のメンバーが本体の企業のみならず子会社や関連会社を退職していた。それはSNSでつながっている学生時代の友人や会社の同期もほぼ同じである。

3か月前に完全に引退してプータローになったA君は、「自分は案外一人で過ごすことが似合っていることに気がついた」というが、周囲からは「何もしないと半年もたないのじゃないか」と声がかかる。膝や腰を痛めていて「もう絶対働きたくない」と語るB君もいれば、第二の職場で働いているC君は健康のためにも80歳まではがんばるという。彼は現役の時よりも元気な感じがした。

いずれにしても長く続けてきた現役の立場が一旦終了したことを誰もが自覚していた。「もう週に5日全日勤務で働くことは体力的には無理になってきた」との発言に皆がうなずいた。また健康状態の格差も大きい。がんの手術の成功体験を語る人もいれば、毎日ジョギングを欠かさない元気な人もいた。一方で、私の周囲にもALS（筋萎縮性側索硬化《きんいしゅくせいそくさくこうか》症《しょう》）で苦しんでいる人や心筋梗塞に襲われて一命をとりとめた友人、また持病となんとか付き合っている人もいる。

私自身は60歳を超えて、物忘れが激しくなったり、人の名前が出てこないなど老いが徐々に身近になってきた。老眼が急速に進み飛蚊症《ひぶんしょう》も重なって特に目の衰えを実感している。60歳までは裸眼で全く問題なく過ごしてきたのでその変化に驚いている。大半のメンバーは元気でまだまだ働けることは間違いないが。少しずつ老いは感じているのだ。目などの身体の老化は分かりやすいが、心も同様に老い始めているのではないかと思ったこともある。

考えてみれば、世界保健機関（ＷＨＯ）の定義では、65歳以上は高齢者の仲間入りなのだ。雇用延長も65歳までと区切っている会社が多い。当初はコロナ禍のせいだと思っていたが、私のとまどいの中には実は加齢のことも重なっていたのである。むしろそちらの方が大きいのかもしれない。

私も大学で教えるのは長くてもあと数年。晴耕雨読的な生活はできないことは自分でも分かっている。そろそろ最終ゴールのイメージを見定める必要がありそうだ。ただどこへ向かうかは未定である。

このコロナ禍の期間に私は何度も自分が生まれ育った神戸の街を歩き回った。理由はよく分からない。ただ少なくとも、私の気分を安定させて、地味であっても喜びの感情を味わわせてくれた。今の現実から一旦離れて、自らの老いと向き合うためには一つの居場所になるかもしれない。

自分の中から抜き出す

「高年齢者雇用安定法」の改正で２０２１年４月から企業は70歳までの就業機会確保が努

力義務となった。それにさかのぼる2年前の1月に、NHKの「日曜討論」に出演した。番組のテーマは、「どう変わる？ いま考える 私たちの働き方」で、今後の70歳定年を見据えてどのようなことが必要かを専門家が語り合うという内容だった。経済財政諮問会議議員の竹森俊平氏、社会保障制度改革推進会議議長の清家篤氏をはじめ企業人事や労働組合関係の研究者、企業の経営者などがいろいろな視点から議論を交わした。私は専門家というよりも、多くの中高年社員や定年退職者を取材してきた立場からの発言が求められていたのだと思う。

スタジオで議論された内容から感じたことを率直に言うと、社会経済的な意味では重要な論点ばかりであったが、個人に直接的に役立つヒントにはならないということだった。

これまで私が自らの働き方を改めるためにインタビューしたり、執筆活動を通じて知り合った方々を頭に思い浮かべると、彼らは社会保障や経済がどうだからといって自分の道筋を見つけているわけではない。むしろ大半の人たちは外に見つけているというよりも自分の中から何かを抜き出しているのだ。

思いつくまま挙げてもいくつかのパターンがある。

まずは、今までの仕事で培ってきた能力やスキルを定年後も活かす人たち。定年後に営業代行の看板を掲げた人が過去の取引先の若手営業マンを育てるアドバイザーになるとか、海外で働いた経験のある元会社員が、中小企業の海外進出に対して助言するコンサルタントに転身するとかである。

さらに子どものころに関心があったこと、好きだったことを再びやってみる人たちもいる。具体的には、小さいころからモノ作りが好きだった人が職人の世界に転身したり、子どもの頃の収穫の喜びが忘れられないといって50代から農業に向かう人もいた。

また自分の病気や左遷、リストラ、家族の問題、震災など、挫折や不遇な体験をきっかけに新たな道に進む人もいる。これらの体験を通して自分の人生の残り時間をはっきりと認識するからである。このような外見からはマイナスと思える状態がプラスに転じるさまを確認できるのは取材をする醍醐味《だいごみ》である。若い人たちに受け継げるもの、次世代に何ができるかを考える人もいる。例えば、剣道の有段者が道場で豆剣士の指導を始めるとか、地域の子どもたちへの絵本の読み聞かせ教室を開催している女性もいる。

彼らは、外に向かって何かを探すというよりも、誰もが自分の中から何かを引っ張り出しているのが特徴である。自分なりの居場所の入り口は人によって十人十色であり、基本は自分で見つけなければならない。

定年退職を目前にしたライフプラン研修では、「定年後は趣味を探すか、ボランティアか地域活動でもやってみるよ」と言っている人もいる。しかしそういうスタンスでは、なかなか自分なりの居場所を見つけるのは簡単ではない。新たな道筋は、外に特別な何かがあると探すのではなく、自分の今までの人生と向き合う中で現れてくることが多い。自分の外にある法則やノウハウに解答はなく、予測できない未来にこそ価値がある。その時に役立つのは、自ら歩んできた道筋なのである。

終わりではなく始まり

それでは、自分の立場を変えて中高年以降に居場所を確保するためにはどうすればよいのだろうか？ 取材してきた人を頭に描いてみると、最終的にはその日その日をきちんと生きていくことに尽きるのかもしれない。何か特別なことをしようとすると、かえって見えにくくなることもある。やはり大切なものは身近な日常の生活や行動の中にある。

ビジネスやスポーツ、音楽などで特別な能力があって、若い時から自分の居場所を探し当てている人は少数だろう。また若いときは才能や努力によっていろいろな分野で周囲から注目を得て活躍している人もいる。しかしそれをそのまま中高年以降に持ち越すことはできない。

その時々の年齢に応じて自分なりの居場所を求める必要がある。加齢によって自分に必要なものは変わってくるからだ。日常生活で身近な興味や関心があることに取り組めばそれ自体がオリジナルなものになる。また「自分はこれをやりたい」と主張できるものがあれば、他の人とのつながりができやすくて周囲の人の応援も得やすい。

定年後の居場所や安心感は、将来も何らかの形で働き続けることや日常の生活を整えることから生まれている。老後資金が足りないと不安を抱いている人も多いが、実はその不安とお金には直接の関係はなく、その人のものの見方や自己肯定感、未来に対する姿勢、行動量との相関関係が強い。以前、私が主宰する研究会で定年後の居場所を見つけるコツについて議論したことがある。最終的な解決法は、「日々、元気で明るく生涯現役」ということに落ち着いた。逆に言えば、コロナ禍であっても日常の生活からどれだけ自らの楽しみを見つけられるかがポイントだろう。

定年後に小さなことでも良いから新たに何かを始めることも大切である。すべて終わりに向かうと考えるのではなく始まりの時間ととらえるのである。例えば、私が執筆を始めた頃は、日常の中からネタを拾って毎日ブログに800字程度の文章を書くことを習慣づけていた。そうするとしばらくすれば自然に面白いネタを探す自分がいたことに気がついた。一日の良かったことを毎日三つメモにして書き出すのも良いかもしれない。

第一部の文章の中に、終活セミナーで講演をしたことを書いた。そこに参加した多くの人たちは本気で死ぬことの準備をしたいわけではなく、残りの人生を楽しく生き抜きたいと思っているのだ。自分の葬儀や墓や戒名を検討するエンディングノートではなく、残りの人生で新たなことに取り組むスターティングノートに切り替えなければならない。

また、感性が豊かになるのは芸術やアートなので、新たに音楽や絵画、小説、演劇の鑑賞にもっとお金をかけたり、自ら取り組んでみても良いだろう。定年後、地元の仲間と新たにバンドを組んで楽しんでいる人もいる。

そういう意味では、中高年の誰もが人生後半戦の居場所という舞台を作ることができるといえそうだ。

本書の第一部では、私が日常体験したことや考えていることなどを紹介している。皆さんに読んでもらうことで、ささやかでも日常の生活に参考になることがあればと願っている。また第二部は、今までの取材をもとに定年後の居場所のポイントについて書いている。読者が一つのヒントとして考えてくださると大変ありがたい。

第1章　生涯現役

定年後への助走

横浜市の運送会社で定年退職後に嘱託社員となった運転手三人が起こした訴訟で、2018年6月1日に最高裁は、定年後再雇用で仕事の内容が変わらなくても、給与や手当の一部、賞与を支給しないのは不合理ではないと判断した。ただ休日を除くすべての日に出勤した者に支払われる「精勤手当」を嘱託社員に支給しないのは不合理で違法と判断するなど、企業には合理的に説明可能な賃金制度の整備を促した形だ。

運転手の立場からすれば、仕事内容は定年前と同じなのに賃金が下がるのは納得いかないということになる。これは「同一労働同一賃金」にもかかわる課題だ。判断がデリケートだったのか、一審の東京地裁は「職務が同一なのに賃金格差を設けることは、特段の事情がない限り不合理だ」としたが、二審の東京高裁は会社側の主張を認めて「定年後の賃金減額は社会的に容認されている」として見解が分かれていた。そのため今回の最高裁の判決が注目されていた。

私の取材で再雇用を選択した元社員の意見を幅広く聞いてみると、人によってその評価はまちまちだ。ポイントは給与の減額と再雇用後の仕事内容の2点だ。

給与は減るものの「好きな仕事を続けることが嬉しい」という人もいれば、現役時代よりも「仕事が楽になった」ことや「周囲の評価を気にしなくて済む」ので再雇用の働き方を気に入っているという人もいる。

その一方で、「定年前と同じ仕事をしているのに給与は5割に減額されたので納得できない」（今回の裁判事案と同じである）や「電話番や単純作業に配置転換があったので過去の能力の蓄積が全然活かせない」と怒っている人もいる。「かつての部下から顎で使われるのはたまらない」という人までいた。

こういう再雇用の個別のメリット、デメリットを検討することも重要だが、同時に60歳以降の自分の人生をどのように過ごすかという観点も大事だ。

私は、定年後の60歳から74歳までは仕事もひと段落ついて、家族に対する扶養義務も軽くなり、かつ自立して活動できる人生の大切な期間だという意味で、「黄金の15年」と名づけた。人生100年とはいっても70代後半にもなれば、他人の介助や援助を受けることも考慮に入れなければならない。まずは自立して活動できる70代半ばまでを目途に自らの生活を検討すべきだと考えている。

この期間を輝かせるべく裸一貫からでもやっていこうと思えば雇用延長に手を挙げるという選択はないかもしれない。一方で退職すれば孤独な日々になることが予想されるのであれば、とりあえずは雇用延長に手を挙げておくという判断もある。もちろん老後の経済的な面も考慮に入れる必要があろう。いずれにしても諦めずにチャレンジする気持ちは持っておきたいものだ。

やはり定年以降の人生をどのように過ごしたいかという自身の主体的な意思や姿勢が大事になってくる。そう考えると、50代から「定年後」に向けて助走することが妥当に思えてくるのだ。

ピンク・レディー効果

2018年10月17日付の朝日新聞のオピニオン欄に、〈二足のわらじ　広がるか〉という特集記事が掲載された。政府が進める働き方改革で、会社員の副業禁止の緩和が取り上げられているが、「副収入、スキルの向上、自分らしい生き方……。そんな美しい誘い文句だが、本当に『二足のわらじ』は広がるのか？」という課題意識に基づいた記事だった。

私自身は、従来から定年後の準備のためにも、会社員以外の「もう一人の自分」を創る活動を50代から始めた方が良いとずっと主張してきた。副業禁止の緩和には基本的に賛成である。実際にも私は50歳から会社員とフリーランスの二足のわらじをはいてきた。

この記事では、私とネット小売りを主に手がけている会社の社長と女性小説家の3人の見解が並べて掲載されていた。その中で、様々な職場を舞台に執筆されている小説家の朱《あけ》野帰子《のかえるこ》さんの見解に興味を惹かれた。

〈一つの会社のために自分のすべてを捧げるのではなく、他にも打ち込める仕事があることは、心の支えになりました／副業という考え方には、女性の方が順応しやすいのかもしれませんね。子育てをしながらの仕事は、本業が二つあるようなものです〉

会社の仕事中心で働いている人は、表面的には力強いように見えても、一本足で立っている姿は意外に不安定だと私は思ってきた。その意味で、本業が二つという朱野さんの見解はわが意を得たりという気持ちだ。会社の仕事と作家業、会社の仕事と子育てというように二本足で立つことが、自立や安定につながるのではないだろうか。一本足のまま定年退職してしまうとバランスを失い、立つこともできなくなる恐れがある。

また朱野さんは、〈別の仕事に集中することで、会社の仕事が頭から離れて、ある意味休める時間にもなっていました。私にとっては、よい経験でした〉と述べている。二つの立場があるということは、それぞれが相互に気分転換になるということだ。この気持ちは、在職中に執筆活動を始めた私にもよく理解できる。

しかも、「もう一人の自分」（執筆活動）がイキイキできれば、会社員の自分もイキイキできる。逆もまた真だ。右手が回れば左手もまわり、左手が回れば右手もまわる。人は簡単に分離なんてできず、身体でつながっているからだ。これをかつてのアイドルの歌（「UFO」）の振り付けになぞらえて、私はピンク・レディー効果と呼んでいる。両者の相乗効果が生じることがポイントである。一本足ではきりきり舞いになるのだ。

在職中から会社の外側に自分が主体となれる居場所を見つけ、そこに「もう一人の自分」を育ててみる。そうすれば、定年退職後も新たな生活にスムーズに移行できる。

もちろん、この「もう一人の自分」が唯一の働き方だとまでは主張するつもりはない。しかし多くのビジネスパーソンにとってフィット感の高いものだと考えている。朱野さんの見解はそれを力強く後押ししてくれた。

映像と文章の伝達力

2018年9月に、NHKテレビの「助けて!きわめびと」という番組に出演した。その日のテーマは「定年準備」。私は一応、定年準備のきわめびとという位置づけだ。MCは藤井隆さんと濱田マリさん。NHKの小野塚アナウンサーと一緒にスタジオで語りながら番組は進行した。

定年後の生活にとまどう人もいるので、定年準備について三つの極意を紹介した。

極意1は、「定年後の残り時間を知ろう」。寿命が延びているので、60歳で定年退職したと仮定すると、退職後の自由時間は私の計算では男性で8万時間になる（女性はもっと長い）。これは20歳から60歳までの40年間働いた全労働時間よりも長いことを示した。

極意2は、「50歳から準備する」。この長い自由時間を充実して過ごすには、50歳くらいから少しずつ定年後に向けて準備をすることが大事である。

極意3は、「もう一人の自分を見つける」。中高年になっても「会社員の自分」しかないと働き方や生き方が窮屈になってしまう。そうなると長い定年後を充実して過ごすことが難しくなるので、自分の個性にあった「もう一人の自分」を持つことを勧めた。一つの方策として、子どもの頃の自分を呼び戻すことを実例とともに紹介した。

ナマ番組だったので、帰宅して録画したビデオを見た時に感じたのは、映像の訴求力《そきゅうりょく》である。たとえば、定年後に夫の生活リズムが崩れて妻とギクシャクしたケースでは、実際のご当人である夫婦の登場した再現フィルムを見れば、「なるほどそうか」とリアルに納得できる。また私が担当する企業での研修会の様子が映し出されて、50代社員同士の議論する姿を見れば、定年後の生活を思案する表情が画面に浮かび上がる。また子どもの頃から乗り物が大好きでハイヤーの運転手になった元警察官の気持ちも強く伝わってくる。テレビ画面は、一瞬にして多くの情報を視聴者に伝達できる。画面に現れる人物の表情、服装、しゃべり方までリアルに映し出す。極端に言えば、自分のすべてが見抜かれてしまう感じである。

一方で、文章で伝えるときには映像ほどインパクトある伝達は難しい。それでは、文章で伝える世界は、映像には全く歯が立たないのだろうか?

私は必ずしもそうは思わない。テレビの前で見ている人は、映像の訴求力が強いので与えられる情報の範囲でしか考えないことになりがちだ。いわば受け身の立場のままである。

しかし文章だと直接のインパクトは弱くても、読者は頭の中で想像するので自分なりに考えることができる。特に、定年後のことを検討するには、他人の百人百様の生き方や考え方と、自分自身の今までの体験を重ね合わせることが有効だ。そういう意味では、各自の想像力にゆだねる紙媒体の文章の方が力を持つように思えてくる。いずれにしても書き手は、できるだけ具体像を頭に描き、かつ自らの体感や感動も込めた文章を提供することがポイントだ。そう感じながら録画した画面を見つめていた。

「聞く力」よりも「驚く力」

ＮＨＫテレビの「助けて！きわめびと」で、最初にスタジオに入った時に驚いたのは、出演者たちが示す相手の発言に対するオーバーなリアクションだった。「素晴らしい！」、「なるほどそうですかぁ」、「カッコいい」などなど。普段自宅でテレビを見ている時には感じなかったが、そばにいると、「こんなに激しく反応するのか」と違和感があった。

番組は午後１時５分から始まるナマ放送だったので、直前までスタジオ横のテレビでＮＨＫ連続テレビ小説『半分、青い。』の画面を見ていた。「スタジオに入ります」と声がかかった時に、この画面に自分の姿が出てくるかと思うと、すごく不思議な感じがして思わず笑いそうになった。もちろんテレビ慣れはしていないので相当緊張していた。

ＭＣは藤井隆さんと濱田マリさん。魅力あるタレントさんを前に、定年前後の生き方や働き方について自らの見解を披露できる機会はそうそうあるわけではない。私にとっては貴重な体験だった。

番組は、「定年後をどのように過ごしたいか?」という街頭でのインタビューから始まった。その後もNHKが取材したVTRをもとに、私とMCの二人のやり取りで番組は進行していった。

ゲストは私一人だったので発言の機会も多かったのだが、途中で自分がいつもよりスムーズに話せていることを自覚した。同時にそれを支えているのが藤井隆さんと濱田マリさんの驚きを伴った反応であることに気が付いた。彼らのうなずき、相槌《あいづち》、質問に助けられて自分がすらすらと喋《しゃべ》れていることに思い至ったのだ。たとえばサラリーマン同士がスタジオで語り合えば、こんな円滑な会話は展開しないだろう。視聴者にインパクトも届けられないに違いない。

日本の弁士、漫談家、作家でもある徳川夢声氏の名著『話術』(新潮文庫)の巻末には、「ザ・ベストテン」の司会者や「ニュースステーション」のメインキャスターを長く務めた久米宏さんの解説がある。

久米さんは、「この本を読むと、話し方が上達する。それは恐らく間違いない。間違いなく、少しは上達するはずだ。しかしそれよりも遥かに上達するには、人の話を聴く力が大切だと説いている」と喝破している。私が本を書くために、タクシードライバーに徹底的に話を聴いていた時に、後ろの座席から少し身を乗り出すと彼らはよく話してくれたことを思い出した。

たしかにコミュニケーションにおいては話を聴くことが大切だ。それに加えて、一番大事なのは驚くというリアクションかもしれない。日常の会話では中高年男性は相手に対してあまり強い反応を示さない。しかし一度驚きを表現しながら話を聴いてみると、新たな発見があるかもしれない。

定年や引退をなくす

2019年に鹿児島県で社会保険労務士制度創設50周年を記念した行事で講演する機会をいただいた。タイトルは、「黄金の15年～定年後から見えてくるワークライフバランス～」である。社会保険労務士（以後、社労士）会の会員と一般参加者の前で、定年前の50歳くらいから徐々に「会社員の自分」のほかに「もう一人の自分」を育てる大切さや、「定年準備に向けた行動7カ条」などにポイントをおいて話した。

国家資格である社労士は、全国で約4万1000人が登録されている。主に中小企業と顧問契約を結び、社会保険関係の申請手続きをしたり、賃金台帳の作成などに携わる。また人事や労務管理のコンサルタントとして企業の相談に乗って活躍する人も増えている。資格を取得して企業内で社員として働いている人もいる。

実は私の15年ほどの取材の中で、何度か社労士の方々にお話を聞いている。会社員や公務員として勤めながら資格を取得して独立する人や定年退職後に開業する人が比較的多いからだ。

社労士は、リタイア世代に大きく関わる健康保険、介護保険のほか、公的年金についての知識も豊富なので、長寿化の時代を迎え、中高年世代の相談役としての役割もある。また組織で長く働いた経験をもとに社員に対する処遇や福利厚生などについて経営者の良きアドバイザーになっている人が多い。昨今の「働き方改革」においても、活躍の場はますます広がるものと思われる。

講演の当日は、50周年の式典や懇親会にも参加したので、役員をはじめ多くの社労士の方々とお話しする機会を得た。80歳を超えて現役で活躍されている人や、50代後半で社労士試験に合格して会社を早期退職。現在は何人かを雇いながら事務所を運営している人もいた。皆さんが本当にお元気で驚いた。同年代の再雇用で働いている人と比べると、両者の差は歴然なのである。これは定年後のことだけではない。私は50歳から会社員とフリーランスの二足のわらじ生活を10年間続けてきた。その時にも同様なことを感じていた。つまり同僚の会社員に比べて、フリーライターやフリーの編集者、カメラマンは歳よりも若く見えて潑剌《はつらつ》としている人が多かった。

社労士やフリーランスは健康であれば、ずっと働き続けることができる。だから元気を失わない。それに比べると、会社員は定年という大きな壁があるので、どうしても50代にもなれば自分はロートルだと思いがちになる。また長く同じ組織で働いているとやはりマンネリというか、トウが立ってくる面もあるのだろう。

それでは、どうすればよいのか。定年や引退をなくしてしまえば良いのである。やはり定年前から準備をして、生涯現役であろうと努力することが一つの方策になるだろう。社労士会が、私に定年準備のテーマで講演を依頼したのは偶然ではないと思えるのだ。

70歳定年

ここ2、3か月ほどテレビの出演や新聞社からの取材が相次いだ。テーマはすべて同じで「70歳定年」である。

これは、2019年5月15日の未来投資会議で、政府が70歳までの就業機会の確保に向けた法改正を目指すと宣言したことに基づいている。定年延長や継続雇用制度の導入に加え、他の企業への再就職や自営、起業、社会貢献活動への支援など幅広い選択肢を用意する考えを示した。

テレビ番組では、何歳まで働きたいかというアンケートを紹介したり、街頭でインタビューをして個人の考え方を聞いていた。金融庁の金融審議会の報告書に端を発した2000万円問題や、厚生労働省の審議会が2019年8月に発表した公的年金の財政検証の結果を見ても、老後は年金だけには頼れない現実がある。70歳くらいまでどのようにして暮らすかは、平均寿命が80歳を超えた長寿化の時代では避けられない課題になっている。

かつて雇用延長を選択せずに60歳で定年退職した人たちを取材していた。A氏は大手企業の管理部門を中心にいろいろな仕事を経験して部長職を最後に関連団体の役員に出向。管理能力や実務力の高さは自他ともに認める人物だ。彼は退職後、再就職のためにハローワークや人材会社に履歴書をせっせと書いて送った。しかし全く相手にされず一度も面接までたどり着けなかったそうだ。

結局、A氏は役所の関連団体の契約社員として比較的専門性の高い仕事に就いている。ネットを通じて見つけたそうだ。週に三日の勤務で時給は一般よりは恵まれているが、彼自身はもっと骨のある仕事を今も求めている。

B氏も再就職ではかなり苦労した。ハローワークでは現場での仕事はあっても、会社員当時の経験を活かせる仕事は見つからなかったので、友人や知人などにも声をかけまくった。結果として会社の先輩の紹介で過去の仕事を活かせるパート事務の仕事に就いた。失業保険の受給期間が終わる直前だったという。

60歳以降の高齢者雇用の課題はオープンな労働市場がないという点である。新卒の時は、会社説明会や企業訪問など、マッチングの機会はいっぱいあるが、元気で意欲ある60歳が今までの経験や知恵を社会で発揮できる場を探すことは簡単ではない。従来は企業内で定年まで働くことが中心だったので、外部のオープンな労働市場が育っていなかった。そうはいっても定年や雇用延長を一律に70歳まで引き延ばすことは困難な会社が多いだろう。

60歳を越えれば、個々人の健康状態や、持っている経験やスキルも多様だ。そういう意味では中高年齢者の働く能力をきちんと見極める眼と、彼らが働くことができる場を用意できる人材会社には新たなチャンスでもある。この分野の需要は確実に広がる。多様な会社が参入してこの課題を解決することを期待したい。ひとつのポイントは会社内の制度と外部労働市場を結びつけることだろう。今は、その二つが分離している。高齢者のオープンな労働市場が整備されることが、70歳までの就業機会確保に必要なのである。

〝仕事ロス〟の恐怖

2020年1月に放送されたNHKテレビの「所さん！大変ですよ」の番組ディレクターが大学の研究室に話を聞きに来た。番組のテーマは、「シニアを襲う燃え尽き症候群〝仕事ロス〟の恐怖」だった。

番組の冒頭では女性ばかりの和太鼓教室の中でただ一人太鼓をたたき続けるシニア男性Oさん（70歳）が登場する。彼が和太鼓教室に通っている理由をディレクターが聞くと、「現役の時は、余暇を楽しむ時間はなかったが、会社を辞めちゃうとヒマなんですよねぇ」という答えが返ってきた。彼は2年前に仕事を辞めてから時間を持て余しているという。スタジオにいたレギュラーの木村佳乃さんは、Oさんの姿を見て「まだまだ働けそう」という感想を述べていた。

彼は、長年機械メーカーで働き、若い時はアラブ首長国連邦でプラントの設計を任されるなど、数多くの大型プロジェクトに携わってきた。当時はほとんど休日がなかったが「自分が燃えた時代だ」と語っていた。

ディレクターが、彼の自宅を訪問すると、サラリーマン当時の思い出の品を今も捨てられないという。会社からの定年退職の感謝状、当時の仕事着でもあったスーツ、会社の部署が変わるたびに作成した名刺もすべて残している。彼は、サラリーマン当時に愛着があると言い、退職して何もすることがなくなって「〝仕事ロス〟になりました」と語っていた。

自宅にいて、つい足を運ぶのは羽田空港行きのバスの停留所だ。現役の時には毎週のように乗っていたので懐かしさとともに、バスの乗客を見ると羨ましくなるのだそうだ。スタジオに話が戻ると、やはり木村佳乃さんが、「祖父も仕事をやめて、〝うつ〟っぽくなっていた時期があった」と話していた。

その後、ディレクターはゲームセンターに平日の昼間から多くのシニアが来ているという情報を得たので現場に足を運ぶ。そこでは、「ついつい毎日のように来てしまう」「携帯電話が鳴らなくなったのが淋しい」などの声を聞き、私の研究室にやってくるという流れだった。

「なぜ〝仕事ロス〟になるシニアが増えているのですか?」というディレクターの質問に対して、私は「それは皆さんがお元気だからですよ」と答えた。戦後一貫して寿命が延び続けていて、まだまだ元気。定年後の自由時間は8万時間にもおよび、日本の歴史上こんなに多くの自由時間を持った時代はなかった。これらの長い持ち時間をいかに豊かに使うのか、楽しく過ごすかが求められていると話した。番組はその後引退を間近に控えたプロレスラーである獣神サンダー・ライガー選手に密着して、うまく現役を退く方法を模索していた。

会社員がどのようにして〝仕事ロス〟にならずに長くなった寿命を充実して過ごすかはバラエティー番組にも取り上げられるほど社会の大きな課題になっている。それは、定年後の居場所をどのように探すかの本書のテーマと重なっているのである。

読み手ファースト

5年前の2016年に「サラリーマン一冊本を書こうよ」というセミナーを東京で催したことがあった。本の出版やビジネス誌などに自らの見解を発表したい会社員もいて、時々彼らから相談を受けていたからである。

セミナー当日は、私の書籍を担当してくれている編集者二人も手弁当でかけつけてくれた。私から簡単な趣旨説明を行い、十人程度の参加者からの発言と編集者に対する質問などを中心に議論が展開した。本や雑誌を媒体にして発信することは簡単ではないが、会社生活で培った経験や専門知識を活かす一つの手立てになる人もいるのだと実感した。

そのセミナーに参加してくれた人のうち二人が本を出版した。一人は長い商社マンでの経験をもとに『企業内キャリアコンサルティング入門』（ダイヤモンド社）を書いた浅川正健氏、もう一人は、『50代から老後の2000万円を貯める方法』（アチーブメント出版）を書いた損害保険会社の会社員である水上克朗氏である。

浅川氏の本は、人事総合メディア『日本の人事部』の「HRアワード2020」の書籍部門にノミネートされた。また水上氏は、あるビジネス雑誌で、50歳からの生き方に関するインタビュー記事で大きく取り上げられていた。いずれも大変うれしいことだった。私はセミナーを開催しただけで何もできなかったが、お二人とも出版するまで数年かかっていることを考えるといろいろご苦労もあったのだろう。

私が相談を受けた時によく感じるのは、高い専門性があれば多くの人に読んでもらえると勘違いしている人が少なくないことだ。もちろん専門性は大事なのであるが、お金を出して雑誌や本を買う読者のことを考えると、まずは読み手ファーストでなければならない。お客さんに喜んでもらえるかどうか、お役に立てるかどうかがポイントなのだ。そんなことは当たり前ではないかと思うかもしれない。しかし実際には、専門的に取り組んだことを主張したい、自分の知識や経験を披瀝《ひれき》したいという方向に傾きがちな人は多い。

あるビジネス誌の編集長は、掲載を希望する原稿を受け取ることは日常茶飯事だそうだ。しかし読者にまで考えが及んでいないので高い専門性があっても掲載に至らないケースが多いと話していた。

私も会社員生活が長かったので、当初は自分中心に考えてしまうきらいがあった。しかし、それではうまくいかない。やはり読み手の欲求に応えることだ。

それではどうすればよいのか？ 人によってやり方は違うだろうが、私は、ほぼ毎日会社帰りに梅田の紀伊國屋書店に立ち寄っていた。そこで自分の関心のあるテーマを扱った本が並んでいる棚を常に確認していた。毎日通っていると、棚の状況やその変化から「どのような本が、読者に求められているのか」が自ずと見えてきた。先ほどの初めて本を書いた二人も、どこかで書き手主体から読み手ファーストへの姿勢に転換したのではないかと推測している。

終活フェアでの講演

コロナ禍の前に、終活《しゅうかつ》フェアで講演したことがある。終活とは「人生の終わりに向けた活動」の略語で、自らの死を意識して、人生の最期を迎えるための様々な準備や、そこに向けた人生の総括を意味する。比較的新しい言葉で、2010年の「ユーキャン新語・流行語大賞」にノミネートされ、2012年にはトップテンに選出されている。

百貨店で行われた終活フェアの会場に到着した時には、広い場所に人がひしめき合っていた。あまりに賑《にぎ》やかで明るい雰囲気だったのが意外だった。あとで聞いた話では、そのフェアは6日間にわたって行われて延べ約7万1500人が来場。ブースに協賛または資料を提供した会社は計40社に上ったそうだ。

葬祭関係業者、遺言や相続の相談所、介護施設の案内、保険代理店、旅行会社などの各ブースでは担当者が来場者にいろいろと説明していた。なかには棺桶に入ってみるという体験や自分の葬儀の際に使う写真をどうするかについてレクチャーを受けている人もいた。

会場での講演会では、地元テレビ局のアナウンサー、プロ棋士、お天気キャスター、元プロ野球選手、歌手・タレントの女性などのメンバーの中に私も入っていた。私は『定年後』（中公新書）の著者との位置づけだ。ただフェアのチラシに並んでいる講師の顔写真を見ると、私だけが「この人、一体だぁれ？」という感じであったが、これは仕方がない。

それでも80席の椅子はすべて埋まり、多くの立ち見が出る中での講演になった。何よりもうれしかったのは参加者が興味を持って耳を傾けてくれたことだ。とても話しやすかったことを覚えている。講演のタイトルは「定年後から見た終活――『死』から逆算してみる」だった。

ひと通り講演が終わって質問タイムになり、男性が挙手をして話し始めた。「『定年後』の本には、60歳から74歳までは黄金の15年とありました。私は来年75歳になりますが、70代半ば以降のことを今後書く予定はありますか?」と聞かれた。「私は自分の実感や体験を絡めないと本を書けません。それは70歳過ぎてから取り組むので、あと10年待ってください」と答えると会場からどっと笑いが来た。

講演を聞いている人たちの顔を見ていて確信したことがあった。この会場に来ている人たちは本気で終活の具体的な準備をしたいわけではない。むしろ誰もが残り少なくなる人生を前向きに生きたいと願っている。

そう考えれば、男性の質問内容も、会場の明るい雰囲気も、棺桶に入った人の笑顔や葬儀に使う写真について楽しく語り合っている姿にも合点がいく。

ブースで提供しているサービスと来場者が求めているものとの間にはギャップが存在す

る。死んだ後の葬式をどうするかは残る人たちに考えてもらえばよい。それよりも自らの老後を楽しく生きることを優先すべきである。それに応えるためのサービスの充実が提供側に求められている。

第2章　転身

転身の三つの条件

新聞通信調査会が2020年11月7日に開催したシンポジウム「新型コロナと人生100年時代」にパネリストとして参加した。養老孟司先生の基調講演の後で、5人がテーマに沿って90分にわたって議論した。

会場での参加者は40人程度で、オンラインで参加した人が多かった。当然ながらコロナの感染対策である。目の前にカメラではなく少人数でも聴衆がいたので比較的話しやすかった。自己紹介の後にパネラーひとりひとりから簡単なプレゼンテーションを行う機会が与えられた。

私は人生100年時代では、誰もが第二の人生を持つことになったことから話を始めた。現在の60歳時点の平均余命を考えても、男性では24年、女性では29年ある。年齢で言えば、男性なら84歳、女性なら89歳になる。平均なのでほぼ半数の人はこれよりも長く生きる。

そうなると、この長い人生を一本道で走り通すことはむつかしい。いずれかのタイミングで立場を変えることや、いくつかの立場を並行して進むことが求められる。私はそれを「転身」と表現している。

私自身も振り返ってみれば、人生の後半は立場を変えることが続いた。47歳時に会社を休職→50歳から会社員と著述業との二足のわらじを10年→定年退職して3年間無職→63歳から大学教員に就くといった流れだ。

私の場合は50歳の時に自身の立場を変えるヒントを求めて会社員から転身した人たちに話を聞き始めた。通信会社社員から提灯《ちょうちん》職人へ、小学校教師から市会議員に転身、損保会社社員から農家で独立、メーカーの営業職から地元NPOの常務理事に転身、通信システム会社の部長職から美容師で独立などなどである。没頭して話を聞いた人数は最終的には150人にのぼった。

何度も取材を繰り返していると、転身のための条件が見えてきた。シンポジウム会場では、①主体的であること、②自分自身を客観的に語ることができること、③実行力・行動力があること、の3点であると述べた。「自分自身を客観的に語ることができる」と述べた時には、それはどういう意味だという顔をした人がいた。主体的であることや実行力・行動力があることに比べると、転身との因果関係が直接的でないと感じたからだろう。

主体的に行動できるだけでは、自分の立場を変えるのは簡単ではない。それまでの自らの行動を見つめ直して、自分の言葉でそれに意味づけをすることが求められる。何度も何度もそれを繰り返しながら、未来の自分が何をすべきかを語れることが大切である。その姿勢が主体的な行動と結びついて転身を呼び起こす。これらは自分の将来像を明確にするための一連の作業なのだ。徐々に進まざるを得ないので一定の時間がかかる。また若い時は、右肩上がりで自分の人生を歩んでいるので、自らが何者であるかを把握するのが簡単ではない。転身は長い人生で一旦立ち止まった中高年以降の課題であると私は理解している。

65歳で保育士に

私は50代前半に生命保険会社において企業や団体に対して年金や保険を拡販する法人営業の仕事をしていた。学校の教職員を対象とするグループ保険を勧奨するときには、チームを組んで各学校を車で巡回しながら説明会や募集を行うことが多かった。

教頭先生の了解を得て職員室にいる先生方に案内するのだが、廊下越しに見える小学校の教室の様子や休み時間に校庭で元気に活動する小学生を見ているとなぜか癒やされた。昔に比べると、職員室の威厳はなくなったように感じたが、特に小学校の低学年の生徒は自分たちが小学生のときと何も変わっていない気がしたものだ。

ある日、公立の保育園を訪問したことがあった。廊下で園長先生と話していると、園児たちが私の周りに集まってきて、「おじさんだ、おじさんだ」と六、七人の園児が足にまとわりついてきた。そのときにじわっとした感動が身体の中をかけめぐった。帰宅してから家族に「定年後は、保育士になろうかな」と話したら、「無理！　無理！　お父さんは絶対無理」と一蹴された。たしかにそうだなと自分でも納得していた。

ところが、最近ビジネス誌を読んでいると、外資系ＩＴの大手企業を37年間勤め上げ、定年退職後に一念発起して65歳で保育士になったＴさん（当時67歳、記事では実名）が紹介されていた。

東京都内にある認可保育所では、子どもたちの世話をしたり、工作を教えたり、紙芝居を読んだり……、エプロン姿のＴさんは「じじ先生」と呼ばれているそうだ。

Ｔさんにも40代になる子どもが二人いるが、現役のときは育児に参加した記憶はないという。ところが２０１５年秋、待機児童について取り上げた新聞記事に出合い、その女性の悲痛な叫びと若い夫婦の様子を見て、〝普通ではない〟と直感して衝撃を受けた。そこで通信講座で1年あまり猛勉強の末、保育士試験に無事合格し、新米保育士としてスタートした。

Tさんの考え方が大きく変わったのは、40代半ばで経験したアメリカ駐在の時である。仕事は厳しいが、会議は30分以内。15時に仕事を終わらせて皆それぞれ家族との時間を楽しむために帰っていく。その働く姿勢に本当に驚いたそうだ。60歳を過ぎた人の中には、自分は部長だったとか、何人の部下がいたとか、過去の立場を誇る人もいるけれど、Tさんは自分の人生をバランスよく楽しむことが大事だと思っている。現在も週3日しか働かないのは、75歳まで働きたいと思っているので、年齢的にもバランスを崩さないようにしたいからだそうだ。

Tさんは、60歳を超えてから今までとは全く異なる仕事で活躍している。しかも私が少し憧れた保育士の仕事だ。年齢がいくと、自分の中で勝手に枠組みを作って限界を決め込んでしまうのかもしれない。

個人タクシーに転身

2020年7月に家族と一緒に京都に墓参りに行った。ホテルに戻るためにタクシーに乗車すると「お参りお疲れさまでした」と運転手の丁寧なあいさつの声が返ってきた。しばらく走っていた時に、「コロナの感染拡大でタクシーは大変ですか?　市内を走っている車はいつもより少ないですね」と私が声をかけた。

そうすると、運転手のボヤキが始まった。「どうもこうもないですよ。お客さん自体が消えてしまった。売り上げも3分の1以下です」と語り始めた。彼の話によると、大手タクシー会社にいる知人の運転手は、休業手当をもらっても月に13万円にしかならない。そこから社会保険料などが控除されるので、家族がいればとても生活していけない。中小のタクシー会社の運転手はさらに条件が悪いので、売り上げが少なくても走らざるを得ないという。

収入の話がひと段落つくと、今度はタクシーに乗車する若者に矛先が向かった。「彼らはコロナウイルスの感染に対する危機感がまるで感じられない。風邪くらいに思っている」。彼らを乗せると冷房をしていても車内の窓を大きく開けたまま走ることもあるそうだ。世の中には年配の人や病気持ちの人もいるのだという想像力が欠けていると強い口調で非難していた。彼のボヤキが続いて車内の雰囲気も重くなってきた。

運転席を見ると、個人タクシーであることに気がついた。「個人タクシーなんですか?」と私が聞くと、「この春に独立したばかりです」と答えてくれた。「開業するにはどんな条件があるのですか?」と尋ねると、「いくつかありますが、私の場合は、たまたま10年間無事故、無違反だったのでスムーズに独立できました」という。

「開業では、資本金や預託金などはいるのですか?」と質問すると、「個人タクシーをやっている人から引き継ぐのです。一つの商売ですから車という店舗を買うようなものです」と説明してくれた。「大相撲の（親方になる）年寄株みたいなものですか?」と聞くと、そうかもしれませんと少し笑いながら答えてくれた。

私の得意分野に近づいてきたので、車内の会話もスムーズになってきた。

「独立すると気持ちも随分違うでしょう?」と聞いてみると、「雇われていた時は、収入は売り上げの一定割合ですからね。今は走れば走るほど自分の実入りは増えます」「収入以外にも違いはありますか?」「なんでも自分で決めることができることですね。責任は重くなっても会社からの諸々の拘束もないので頑張りがいがあります。元気であれば75歳までは働けます」と彼の声にも張りが出てきた。「かつての同僚からは、『独立すれば税金では有利になるぞ』と言われる」などの軽口も出てきた。

まもなくして車はホテルの玄関に到着した。「ありがとうございました」という彼の元気な声が返ってきた。コロナ禍に負けずにという気持ちで、「がんばってください」と言って降車した。

評論家と当事者

政府が主導する働き方改革の影響やコロナ禍の中で、副業禁止を緩和する会社も増えている。私は50歳から定年退職までの10年間、会社員と著述業を並行して取り組んできたので、時々取材を受けたり、会合に呼ばれたりすることもある。

コロナ禍の前に、人事担当者が副業拡大を検討する勉強会に呼ばれたことがある。就業規則をどのように変更するのか、法的な問題は何かを弁護士を交えて議論していた。最も気になったのは、社員がイキイキ働けるためには何をすればよいのかという観点がほとんど語られなかったことだ。目的と手段が逆になっていないかという疑問が会議中に頭に浮かんだ。

また2020年の後半に副業や転職をテーマにした会合に出た。40代の二人のサラリーマンが、勤めている会社の副業に対するスタンスや、周囲の社員がそれに対してどのように反応しているかばかりを熱意をもって語っていた。

「それであなたたちは何がやりたいのですか?」と私が聞くと、「起業に関心がある」、「社会人大学院に通うことも考えている」などの抽象的で漠然とした答えしか返ってこなかった。彼らは副業のことを評論家の様に語っているだけで、その言動に「寄らば大樹の陰」というか、会社にぶら下がっている姿勢を感じた。

経験者としてあえて言わせてもらえば、まずは個々の社員が「うまくやること」が何より重要なのだ。具体的に言えば、「会社の仕事をないがしろにしない（ように見せる）」、「直接の上司や同僚と良い関係を築くこと」である。この二つを押さえておけば、それほど副業の問題はややこしくならない。

つまり会社の仕事をまずはきちんとこなすことが第一の要件である。会社側は仕事がおろそかになることを恐れているからだ。そして副業が順調に育ってくれば、会社での仕事も良くなるケースが少なくない。

私自身は、在職中の10年間に10冊あまりの本を書き、テレビやラジオに登場したこともあったが幸い会社から何か指摘されることはなかった。執筆などに取り組む中で会社での仕事の効率も上がったからだろう。もちろん各々の会社のスタンスは異なっているので、それに対して十二分に留意しておくことは忘れてはならない。

会社の副業に対する姿勢を気にしすぎたり、周囲の同僚の動きを確認しているだけでは何も進まない。個人が主体的になって動く必要がある。副業において社員は評論家ではなく当事者であるからだ。

最近、みずほフィナンシャルグループは、希望する社員に、週休3日や4日の働き方を認める制度を導入する方針を明らかにした。また全日本空輸は、コロナ禍の厳しい経営環境もあって、社員が兼業できる範囲を拡大し他社でのアルバイトなどを認める方針を固めたとマスコミで伝えられている。日本の代表的な会社も兼業や副業を認める方向に動き始めている。自分が主体的な姿勢になって働くことができる範囲が拡大している。自分自身の物語の主人公になるチャンスが広がっているのだ。

「私は変わりました」

一つの仕事で名をなした人物やある分野で活躍している専門家から1時間や1時間半の話を聞くことは、これ以上に大きな刺激を受けることはないと思っている。私は40代以降になって特に興味を持ちだした。

日々の新聞やネットなどでそういう講演会の案内を目にすることがある。また地方公共団体の広報誌でも見つけることができる。いままで足を運んだ講演会は数知れない。

思いつくまま挙げても、弁護士の堀田力氏、文化庁長官も務めた河合隼雄氏、国際日本文化研究センター名誉教授だった山折哲雄氏、当時96歳の浮世絵師だった歌川豊国氏、死についてで語るアルフォンス・デーケン博士、プロ野球選手や監督として活躍された野村克也氏、ラグビーの平尾誠二氏などなどだ。

また文章を書き始めた後は、日本ペンクラブや地方公共団体、図書館などが主催する作家の講演会に足を運んだ。浅田次郎氏、山本一力氏、髙村薫氏、なかにし礼氏、唯川恵氏、井上荒野氏、角田光代氏、落合信彦氏、重松清氏、沢木耕太郎氏など数えきれない。

特に、朝日カルチャーセンターで行われた中坊公平《なかぼうこうへい》氏の講演会は記憶に残っている。平成9（1997）年のことである。当時は、旧住宅金融専門会社（住専）の債権回収のための住宅金融債権管理機構の社長として、獅子奮迅《ししふんじん》の活躍をしていた。国民に負担は回せないとする信念と行動力のある活動が注目されてマスコミにもよく取り上げられていた。1時間半ほどの説得力十分の講演が終わって、聴衆でいっぱいの会場が感動で静まり返った。司会者が質問を促したが誰からも出なかったので私が挙手して質問した。

「『着手大局《ちゃくしゅたいきょく》』というお話がありましたが、一般のサラリーマンは組織や上司との関係もあって、目先のことや形だけの数値にとらわれがちになります。先生はいつ『着手大局』という観点を持つことができたのですか？」と聞いた。すると中坊氏は、それまでは弁護士として裁判では絶対負けない自信を持っていたが、「森永ヒ素ミルク中毒事件の時に私は変わりました」と話し始めた。

事件を担当して休日に被害児宅の訪問を続ける中で、はじめは被害児やその両親から森永や国を激しく追及する言葉を聞くと思っていた。ところが家では、誰一人そんなことは言わなかった。むしろ「なぜミルクを飲ませる時に気づいてやれなかったのか」「もっと高級なミルクを買ってやればこんなことにならなかったのに」などの自分を責める発言ばかりが続き、中坊氏は慰める言葉を持たなかったと語った。

自身の手記で中坊氏は、「裁判で闘うのは真の目的ではないです。今からでも遅くない。この被害を救済してほしいのです」と述べて、「心の底からこんな弁論をしている自分に驚きました」と、被害児宅への訪問が自分にとっての人生の原点だと書いている。

また中坊氏は、私への回答の最後に「それは私が44歳の時のことです」と答えてくれた。当時42歳の私は「いまからでも間に合うかもしれない」といたく興奮した。

京都移住

2020年の秋、60歳を機に東京から京都へ移住した人の話をZoomで聞いた。出版社でサラリーマンを続け、40代後半に独立して個人で出版社を買収。今回の移住で、役員と経理担当だけを東京に配置して、事業拠点は京都に移し企画編集から庶務、雑務一般までを一人でこなしているそうだ。京町家を改修した建物の2階を住居、1階をオフィスにして職住隣接の生活を送っているという。

このZoomでのインタビューを聞きながら、なぜ京都なのか？　たしかに京都は素晴らしい街ではあるがあこがれが強すぎるのではないか？　地元の人との付き合いに対して不安はないのか？　と次々と疑問がわいてきた。また60歳前後にもなれば、終《つい》の棲家《すみか》をどこにするかという問題や、親の介護をどうするかの疑問もあったので、京都移住に関する本を何冊か読んでみた。

初めに目を通したのは人気ライターである永江朗さんが書いた『そうだ、京都に住もう。』である。50代で築100年の京町家を購入。リノベーションして快適に暮らすまでの1年余りを詳細に記録した本だ。そもそもの始まりは茶室を持ちたかったことだという。東京の各地も候補に挙がったが結局京都に落ち着いた。自転車でどこにでも行けるという街のサイズや書店などの文化施設が充実していることも決め手だったようだ。書籍では不動産会社の社長とのやり取り、リノベーションを担当した業者の声、実際の住み心地も盛り込まれていて、京都移住のプロセスがリアルな物語になっている。永江さんの住まいが東京と京都の二つになって、仕事にも生活にもメリハリがきいている様子もうかがえた。

もう一冊は、『死ぬなら、京都がいちばんいい』（小林玖仁男）。著者は埼玉県北浦和の有名会席料理屋「二木屋」の主人である。難病の間質性肺炎《かんしつせいはいえん》と診断されて、医師から「余命は長くて5年」と宣告された。自分の死に際して綿密なエンディングリストを作成して次々と実行してきたが、「京都に最期に住むこと」が最も達成したい願いだということに気づいた。そしてすぐに住居と料亭経営をすべて整理して京都西陣のマンションに引っ越した。2014年のことである。自分に引き移して考えてみれば、このような移住は簡単にできることではない。まさに死から逆算しての決断だったのだろう。執筆した本は京都の街に溶け込んでいる彼の姿が随所にうかがえる古都ガイドだ。「悔いなく生きる　人生を謳歌する」というメッセージが込められている。残念ながら小林さんは2019年3月に永眠された。享年64。私と同世代だ。

この2冊の本を読んで感じたのは、やはり住む場所を変えるというのは大変な作業であり、単なる憧れだけではできないということだ。同時に自らの想いを実現したり、現在の状況を思い切って変えるためには移住という選択肢もあり得る。いろいろな条件を周囲が語るよりも、本人の強い思い入れこそが移住の意味を高めるポイントだと思い知ったのである。

新たな場で力を試す

2020年に50代前半の「バブル期入社組」と自ら語る人の相談を受けた。今回のコロナ禍での在宅ワークを経験して、今までの働き方を続けるだけでは将来は明るくないということを実感したという。社会保険労務士（社労士）の資格に挑戦することも考えているそうだ。

その話を聞いた時に、以前、資格予備校の「社労士独立開業講座」のプレ授業に取材のために足を運んだことを思い出した。講座の対象者はその年に社労士試験に合格した人たちだった。30代、40代の人が多く、みな真剣な顔つきで話を聞いていた。

30代後半と思しき講師の社労士が、「自分の一週間」というテーマで話していた。日々の依頼先とのやり取りや具体的な仕事内容をはつらつと語っていたので部外者である私にも興味が持てる内容だった。

講師は、説明の最後に「試験勉強の知識だけでは独立してもうまくいきません。やはりお客さんの求めているものを察して自分から打って出ることが求められます。独立は大変ですが、雇われている立場では決して経験できない面白さがあります」と語った。そして、かつて一緒に開業講座を受けていた損害保険会社の部長の話を披露した。

その部長は講座の最初の懇親会の時には、「自動車事故に関する周辺の知識を得るために受講している。独立するつもりはありません」と語っていたという。ところが、10か月後の講座の最終回に、彼が「開業することに決めました。会社にも退職届を出しました」と話すのを聞いて若い講師は飛び上がるほど驚いたそうだ。「(その部長は) 年収が1500万円ですよ。1500万円。私のような安月給だった会社員とは違うんです。独立してもそんなに稼げるはずはありません」と笑いながら付け加えた。

私はその部長の気持ちは理解できた気がした。初めは、自分の勉強と興味本位で講座に参加したのだろう。しかし、社労士の仕事の実務を学び、現役の社労士や一緒に学ぶ仲間と付き合う中で、新たな仕事にチャレンジしたくなったのではないか。会社での仕事はすでに手の内に入っていて不満もないが、マンネリの気分を抱えていたのではないか。もちろん高い年収を手放すことに悩んだかもしれない。しかし新たな場で自分の力を試すことは、経済的な損失を上回るものが得られると判断したのだろう。

たしかに安定した収入を失う不安は間違いなくある。それはもっともなことだ。個々人の立場は異なるのでもちろんこれには正解はない。私は多くのケースでは、いきなり別の道に進むのではなく、会社員と並行して新たなステップへの準備や助走を始めることを勧めている。そして必ず付け加えるのは、本当にチャレンジしたい気持ちがあるなら、多少の経済的な不安があっても決してあきらめてはいけないということだ。

この15年間、いろいろと迷い、悩みながら次のステップに踏み出そうとする人と、自らの欲求に蓋をして我慢しながら働き続ける人とを取材してきたが、やはり前者のほうが、圧倒的に「いい顔」をした人が多い。

地道な努力は実を結ぶ

定年退職して気が付くことの一つは、自分に来る郵便物が減ることだ。退職した翌年の年賀状が激減したことに驚いたという声を取材で聞いたことがある。

元営業担当の部長は、取引先や業者からの中元や歳暮が届かなくなったと笑いながら嘆いていた。一番たくさん郵便物が来るのは、もちろん正月の年賀状だったが、次に多いのは4月から5月に来る退職や転勤の挨拶状だ。私もそうだったが、4月に転勤になって、仕事も少し落ち着いた4月下旬やゴールデンウィーク中に書くことが多かった。最近は、メールの一斉送信で連絡する人もいる。ただ定年退職して4年もすると会社関係の挨拶状はほとんど届かなくなった。

ただ2019年は、何枚か気になるものがあった。連休中には、私が大変お世話になった知人から退職を知らせるハガキが届いた。初めて出会った時は、週刊誌の記者だったが、後には編集者として活躍した。退職後は、フリーランスとして独立するそうだ。今までの感謝と今後も活躍してほしいという気持ちが湧いてくる。

もう一枚は、私が主宰していた研究会で数年前に出会ったH氏からのものだ。50代でメーカーの海外勤務から日本に戻り、それ以降どのように働くかで迷っていた。彼はビジネスパーソンのキャリアについて関心を持っていたので、拙著を読んで研究会に顔を出したのだ。

当時H氏は会社を退職して社外に活路を見出すことも考えていた。私は「社内でキャリア相談の仕事などができればいいですね」とコメントしたことを覚えている。各部門を経験した50代後半の社員をキャリア相談の担当者に充てている会社を知っていたからだ。

その後、H氏の思いが通じたのか、人事部に異動になって中高年社員の活性化策を検討したり、定年退職に向けたライフプランセミナーの講師や社員のキャリア相談の仕事を担当することになった。

また彼は、会社の仕事と並行して大学院に通い、ビジネスパーソンのキャリア課題について研究を続けていた。多くの人への実際のインタビューとアンケートを実施して修士論文を書き上げて卒業した。その内容を学会で発表する機会も得たそうだ。その後、先の見通しはなかったが早期退職して研究を続けた。

そしてこの年の4月から、大学の専任講師の職を得て、キャリア論などを大学生に教えるとともに、キャリアアドバイザーとして活躍する場も確保できたそうだ。試行錯誤を経ながら、6年かけて会社の仕事と並行してやってきたことが実を結んだ。目指していたセカンドキャリアのスタートラインに立った喜びが文面からも伝わってきた。読みながらこちらも嬉しくなってきた。

自分の進みたい方向に地道に努力することがいかに大きな力になるかを思い知らされた。また会社の仕事との相乗効果も彼はうまく活かしていた。

今後は私と同じく会社員から大学で仕事をすることになった仲間として、H氏と情報交換できることを楽しみにしている。

第3章　コロナ禍から見たこと

コロナ禍の「1・17」

6434人が亡くなり、3人が行方不明となった阪神・淡路大震災は発生から26年を迎えた。2021年1月に追悼行事が催された神戸・三宮の東遊園地にはじめて足を運んだ。私自身は家族も無事で大きな被害もなかったので、今までこの会場に来る資格はないかなと思っていた。ところが昨年くらいからなぜか自分の中で変化が生じていた。

家が崩れるのではないかと思われる激しい揺れの中で、一人別室にいた長女を抱きかかえて家族がいる寝室に連れ戻った時の記憶は今もまだ鮮明だ。外に出てみると景色は一変していた。倒壊した建物も多くて、川上の方では煙のようなものが見えたので火事かと思っていたら大きな地すべりが起こった砂ぼこりであることを後に知った。

直後に神戸市灘区に住む両親に電話を入れると、母は「建物は崩れていないから大丈夫。こちらへ来ることは考えずにとにかく自分の家族を守ることだけを考えて！」と勢い込んで話していた。周囲は相当大変な状況だったようだ。その後はすべての電話はつながらなくなった。

震災当日に友人の自宅が潰れたという話も漏れ伝わってきた。また翌日には我が家にも遊びに来たことがあった娘の同級生が家の下敷きになって亡くなったと聞いた。自宅の小さな庭で彼女とサツマイモ掘りをした記憶がよみがえってきた。親御さんのことを想像すると胸が押しつぶされそうになった。彼女と私の娘が入れ替わっても決して不思議ではなかった。

2021年はコロナ禍への対応もあって、会場も密にならないように追悼行事も分散して行われた。例年よりもボランティアの活動が難しいこともあって、会場の象徴となっていた竹灯籠の数が少なくなって、その代わりに紙灯籠が多かった。その紙灯籠に子どもたちが書き込んだ「楽しい未来へ」などの率直な言葉が胸を打つ。

神戸新聞では子どもを失った人の話が紹介されていた。当時9歳の次男を亡くした65歳の会社員は1年に一度、1月17日だけは、「何事があっても」会場に足を運んできた。彼は何年たっても涙が出て、「お父さんを9年しかさせてもらえんかった。ごめん。あれも、これも、いろいろしてやりたかった……」と次男がはしゃいでいた姿を思い浮かべるそうだ。彼は例年、慰霊碑の息子の名前を見つめながら「恥ずかしくない人生を送るからな」といつも語りかけているそうだ。

また息子を震災で失った79歳の女性は、今までは17日を東遊園地で過ごすのは「当たり前だった」が、体調も勘案して今年は控えることにしたそうだ。優しい次男はきっとわかってくれてると思うからと話している。親の心の中では子どもたちは生きている。

震災の翌日に、両親の住む神戸の実家に行くと、近くにある病院ではケガをして治療を待っている人たちが受付や病院の外にあふれていた。震災当日は、誰の治療を優先するかの命の選別が行われていたという話も耳にした。一見すると、大震災とコロナ禍は異なるように見えるが、命を守るという意味ではまったく同じなのだ。

初めてのZoom

新型コロナウイルスの感染拡大で、2020年5月に予定されていた新聞社の講演が中止となった。その際に担当の記者からは、今後ネット画面で読者との意見交換をするのはどうかというアイデアをもらった。その手始めとしてZoomなどの画面でやり取りしませんか? というお誘いを受けた。

当時はマスコミでもテレワークのことが盛んに報じられていたので、基本的なことは知らないといけないと考えた。ただ私はひどいIT音痴なのでどうしようかと迷った。大学での授業もサイトを使った遠隔授業になることが決まっていたのでその準備のことも頭をよぎった。また最近入れ替えたばかりのデスクトップパソコンにはカメラが見当たらなかった。そこで自宅からヨドバシカメラとヤマダ電機に電話を入れると、ｗｅｂカメラは現在世界的に強い需要があるので入荷時期の目途は立たないと言われた。そのため一旦は記者とネットでやりとりすることはあきらめた。

その2週間後、三宮のヤマダ電機に立ち寄ったときに、まだｗｅｂカメラは入荷していないことを確認した。その時に、「デスクトップパソコンにはカメラがついていない」と私が話すと、「このタイプですか？」と売り場の担当者が同じ型のパソコンのヘッド部分を押さえるとカメラが飛び出してきた。なんとはじめからついていたのだ。

その後、大学の授業が始まると、Ｚｏｏｍを使う必要性を感じた。特に互いに意見を交わすゼミの授業には使用した方が良いと判断した。まずは妻に相手方となってもらって二人で練習をした。その後、会社員当時の同僚と2回。大学の若い先生に授業での使い方も教えてもらった。特に若い先生からグループ討議など諸々の使い方を教わったことが大きかった。ゼミ生の全員がＺｏｏｍに入ってきて授業ができた時は少し感動したものだ。

実際に使ってみると、世の中にこんな便利なものがあったのかというのが正直な感想だ。出版社の編集者と打ち合わせをやってみると、まったく問題はなかった。以前から知っている人であれば、キャリア関係の取材を行っても支障がないことも分かった。今まで新幹線で年間10回以上は上京していたが、かなり回数を減らせることを実感した。

知人の社会保険労務士も今までは自分が先方に行くか、事務所に来てもらって仕事の打ち合わせをしていたが、今はかなりZoomに置き換わったという。Zoomの画面共有の機能を使えば就業規則の見直しを検討するにも問題はなかったそうだ。そういう意味ではコロナ禍の後もZoomの使用は定着していくだろう。

もちろんリアルな講演や研修会と同程度のレベルを期待することはできない。初対面の人に対する取材もなかなかむつかしい。人と人との本来のコミュニケーションには、一定程度の時間と空間を共有する必要があるからだ。脳だけではなく身体でつながっている感覚が求められる。今後もコロナ禍において人との接触の感覚を高める実践的な工夫や行動が求められるだろう。その際のひとつのポイントは相手が若い人であっても頭を下げて教えを請うという姿勢であると思われる。

Zoom研究会のススメ

2020年8月末にZoomを使って私個人が主宰する研究会を実施した。この研究会は、「会社員はどうすればイキイキと日々過ごせるか」という私自身が直面していた課題をテーマにして14年前に立ち上げた。この回で79回だった。はじめは3月に実施する予定だったが、コロナ禍でやむなく中止にした。その後、以前の参加者が「Ｚｏｏｍで研究会をやらないのですか?」とメールをくれたのをきっかけに実施することにした。

この研究会では、定年後の課題、二足の草鞋、転身（キャリアチェンジ）、定年後のお金など私や参加者が関心のあるテーマを選んできた。

（元）会社員、キャリアコンサルタント、学校の教員、新聞記者、臨床心理士など異なる職種の人が気楽に集まっている。毎回の出席者は15人程度であるが、課題意識が近い人が集まるとそこに新たな出会いも生じる。たまたま横に座った参加者と話したことがきっかけでハローワークの研修講師をすることになった人や、メンバー同士が一緒に四国にお遍路の旅に出たこともあった。

Ｚｏｏｍでの研究会は初めてだったので参加者は10人に絞って、テーマは、「偶然の人との出会い」とした。ＳＮＳで告知すると参加者はすぐに集まった。各自の自己紹介のあと、私が話材提供を行い、その後は3～4人に分かれて話し合ってもらった。

研究会でのテーマをもっと絞るべきだったなどの反省点はいっぱいあったが、それなりにＺｏｏｍを使った研究会は格好がついた。知っている者同士や課題意識が近い人であれば十分大丈夫であることが分かった。Ｚｏｏｍの機能を使えば、参加者が少人数に分かれて互いに話し合える場も持つことができる。

この文章を読んでいる皆さんも参加するだけでなく、自分が主宰者になることも一度検討してみてはどうだろう。受け身で参加するよりもはるかに多くのことを得ることができるからだ。多少のわずらわしさはあっても、各参加者の求めているものがよくみえる。また自分の課題意識も深めることができる。

リアルな研究会に比べてＺｏｏｍを使えば何よりも準備が簡便である。会場の予約や費用の支払い、受付の手配もいらない。最近は、参加者の管理から会費の徴収までネットで簡便にできるサイトもある。

自分の興味ある分野の会合やセミナー、研究会を自ら実施するのである。実際にも読書会、鉄道模型のクラブ、転職を検討する仲間などで集まっている会合もある。

またこうした会合は、定年後の人にとっては自分の居場所にできる可能性がある。現役の会社員であれば、会社の枠組みの外で人間関係を作る機会になる。これはすごく大切である。

社外の人と付き合える機会が少ない人にとっては新たな自分を見つけるための突破口になるかもしれない。主宰者としてZoomを扱うのも慣れれば難しくはないし、やってみるほどその便利さに気づく。これはやらない手はない。もし参加者が集まらなければやめれば良いだけのことである。

将来に目を向ける

2020年4月7日に新型コロナウイルス対策の緊急事態宣言が発令された。その前の2月下旬以降は、講演や研修、セミナーがすべて中止になった。前年の同時期は本の執筆や原稿の締め切りがタイトで、講演などで全国各地への出張も多かった。今年は一転、自宅周辺で過ごす毎日だ。

定年を迎えた時にも時間を持て余したが、自分が望めばどこにでも行けた。こんな窮屈な生活は初めてだ。しかも先の見通しがつかず、長期戦になるのは間違いない。

かつて定年後の取材で廻ったところを緊急事態宣言直前にフォローしてみた。スポーツクラブは利用者が本当に少ない。従来の1〜2割くらいか。エアロビクスなどのプログラムもすべて中止になっている。顔見知りのフリーのインストラクターの生活は大丈夫だろうかと気になった。私も一旦クラブを退会した。

図書館は、すべて臨時休館。ネットで予約した書籍は窓口で受け取ることができるので小説などを借りている。東京では貸し出し業務もなくなったと友人から聞いた。公民館やホールもすべて閉館。習い事も集まりも中止になり、近くの喫茶店の店長は「お客さんが極端に減ったので珈琲豆の販売とテイクアウトだけにした」と話す。ただターミナル駅にある外資系の喫茶店は相変わらず若い人で混んでいる。通っていた温浴施設のフロントをのぞくと、受付やレジのメンバーが以前の半数もいなくて照明も暗くなっていた。

食事中に突然歯が欠けて歯科医院に行くと治療を受けていたのは私一人だけだった。また調剤薬局に薬をもらいに行くと、いつもは1時間近くかかることもあったのに5分でもらえた。特に高齢者が外出を控えているようだ。

都心の大型理髪店は休日の開店前には小さな列ができていたのに、すぐ席に着くことができた。店主に聞くと、やはり年配の利用者が大きく減っているという。私自身も歯科医院や理髪店に行くのは少し抵抗感があった。

繁華街のパチンコ店は外から見ても意外と人がいる。出入りする人は何も気にしていない様子だが、逆にこちらが心配になってくる。学校が休みのせいか、大きな卓球場は若い人から年配までのグループで結構混んでいた。

今回の自粛期間中は時間はあっても閉塞感のせいで逆に何もできないという人が多い。一方で工夫している人の声も聞こえてくる。

普段は台所に入らないのに自ら買い物に行って料理を作る、借りたＤＶＤで家族と一緒に映画を観る、子どもと一緒に一日の時間割を作成するなど家族との時間を大切にしている人もいた。今までできなかった部屋の掃除や書類の整理をまとめてやる、テレビ体操で体を動かす、人が近づかなくてすむゴルフ練習場に10年ぶりに通いだした人もいて対応は様々だ。

私は、70歳になる5年後には、生まれ育った神戸新開地《しんかいち》に居場所を持ちたいと思っている。時間もあるので事務所探しをやってみた。何をやるかを決めてから動くよりも、まず事務所をもって試行錯誤を始めたほうが面白そうだ。こんな時期だからこそあえて将来に目を向けてみることも大事かもしれない。

電話出演に変更

２０２０年3月からは、新型コロナウイルス感染拡大のために企業の研修も講演やセミナーもすべて中止・延期になった。自粛生活が長く続くと、人前で話すことがいかに自分のストレス解消につながっていたかを実感した。原稿を書くこととしゃべることが相互に気分転換になっていたのだ。

その中で5月上旬にNHKのラジオ番組で話す機会をいただいた。今までのようにスタジオではなく電話でのやりとりである。朝の6時台の番組だったので久しぶりに早起きして臨んだ。事前に携帯電話と自宅の固定電話を試してみると、先方は固定電話のほうが音は良いということで受話器を耳に当てながら話した。なにか懐かしい感じがした。

キャスターから聞かれたのは、定年後をより良く過ごすために、何が大切かだった。私は、「これまでの経験やスキルを活かす」こと、50代くらいから「もうひとりの自分を育てる」こと、の二つを挙げた。

「これまでの経験やスキルを活かす」では、具体例として、週末だけ介護施設を運営する組織で経理のお手伝いをしていた50代後半の会社員を紹介した。彼は自分では経理の専門性は高くないと謙遜するが、その組織には介護士や福祉士の専門家はいるが、経理をキチンと処理できる人がいない。そのため先方には大変喜ばれているという。「会社を辞めて、すぐに来てくれないか」と声をかけられたが、会社のほうが給与は高いので定年まで働いて、その後はお世話になるつもりだと語っていた。「自分をどこに持っていけば役に立つのか」が、分かっているセンスに感心した。

二つ目の「もうひとりの自分を育てる」は、10年以上前に取材した人を紹介した。メーカーに勤務していた彼は、50歳の時に「美容師を目指す」と決めて、会社勤めをしながら美容師の資格を取得。58歳で定年退職して60歳で美容室を開業した。

彼が、美容師を目指したきっかけは、50歳の時に読んだ新聞記事だった。寝たきりの92歳の女性が美容師に髪をセットしてもらったのをきっかけに、施設内を歩けるようになったという内容。「医師にもできないことを美容師がやれるのか！」と思ったそうだ。彼は会社には何も言わずに資格にチャレンジした。実技の試験には2度失敗して、出勤前に人形の頭を刈る練習をしていたという話が印象的だった。70代半ばを超えた現在も現役で活躍されている。

最後に、これからの変化についてキャスターから聞かれた。今回のコロナの件で、企業の収益も厳しくなり、人員削減や早期の退職勧奨も増えるだろう。またテレワークなどの新たな働き方も広がるので、今までのような組織に依存する生き方ではうまくいかない時代になる。その意味でも先ほどの二点はさらに重要になるだろうと主張した。

比較的順調に話すことができたが、最後の終わり方がむつかしかった。電話では相手の雰囲気が分からないので、話を切り上げるタイミングがとりづらく、最後は、少しモゴモゴしながら終わった。

若い人から学ぶ

2018年4月から地元神戸の女子大学で教えている。夏休みにかけてはインターンシップの授業を担当した。学生に企業での就業体験の機会を提供する講座で、実際に企業に行って2週間程度そこで指導を受けながら働くのだ。

私と学生二人で受け入れ先の会社に挨拶訪問する予定になっていた。先方の担当者から私にメールが入ったのだが、相手も忙しくて限られたいくつかの時間しかなかった。こちらのスケジュールを調整できるかが気になってすぐに学生に連絡を取らなければと考えた。ちょうどその時にインターンシップに行く学生の一人と学内でばったり出会った。

「私のスケジュールでは、この二つしか空いていない」と話しながら、スマホにあるメール画面を彼女に見せた。そうすると「写真を撮っていいですか?」と聞かれたので画面を差し出すと、彼女は「バシッ」と写真を撮るなり右手だけでさっさと操作して「しばらく待ってください」と私に言った。2、3分もすると、もう一人の学生からLINEが返ってきて「○月○日の10時からでOKです」と伝えられた。先方とこちらの三人のスケジュールが瞬時に決まったことに仰天した。

私は受け取ったメールの内容を学生にメールで伝えることしか頭に浮かばなかったが、彼女たちにとっては写メをスマホで送るなんてことは当たり前のようだった。私が一人で対応していたらやりとりだけで2日はかかっただろう。

このように私はスマホなどもうまく使いこなせないIT音痴であるが、取材の中でSNSの重要性に気づくことがある。知人のNさんは、ここ数年写真を趣味にしている。話を聞いてみると、いろいろな写真を撮るが、特に凝っているのは航空機の写真だという。家から自転車で通えるところに空港を発着する飛行機を撮れるスポットがある。そこで撮った写真をSNSなどにアップすることがあり、Nさんの写真が雑誌に掲載されたこともあるそうだ。実物を見せてもらったが、かなりの出来栄えである。夕日に向かって飛行機が飛び立つ場面もあった。

彼が言うには、自分たちのような団塊の世代では、パソコンやFacebookなどのSNSを使いこなせる人とそうでない人がいる。しかしそういうツールを使えないと人とのつながりが広がらないというのが彼の実感だという。たしかに写真を撮ってもアップする場所があるとないとでは違ってくる。また仲間ともいろいろ意見交換もできるそうだ。

考えてみれば、私が会社員当時に執筆に取り組むことができたのもデジタル機器やメール、SNSの存在のおかげである。手紙や電話だけでは数多くのインタビューをこなすことはできなかった。デジタルツールを使って、興味や関心のあることを広く発信することは仲間とつながり、定年後の居場所つくりにも大いに役立つと言えそうだ。そういう意味では、今の若い人から学ぶべきことはたくさんある。

青竹踏み健康法

今回のコロナ禍で、私自身の生活にもいくつかの変化があった。一つは、大学での遠隔授業の準備は大変だったが、IT音痴の私がなんとかZoomを使えるようになったこと。もう一つは、5年前から通っていたスポーツクラブを辞めたことだ。会員としてはそれほど熱心ではなかった。スタジオで軽いストレッチや運動、その後はトレーニングマシンやエアロバイクを使い、風呂に入って帰るというのが定番メニューで月に2、3回通っていた。2020年3月にコロナの感染拡大で店舗が一時閉鎖になった機会に退会した。

その後、7月に宿泊したホテルの部屋に青竹踏み用の竹が置いてあった。試しに踏んでみると飛び上がるほど痛かった。足裏の痛みだけでなく、なぜか後頭部がジンジンと刺激される。ただ同時に軽い気持ち良さも混じっていた。

実は私は20年以上前から体を動かさないと足が重くなり、むくみが出ることもあった。そのたびに街のマッサージ店や温浴施設で足裏マッサージをしてもらっていた。どこの店が良いかをいつも探していたくらいだ。スポーツクラブに通っていたのも足の血行を良くするためでもあった。コロナの感染拡大でマッサージ店に行くのも自粛していたので足のだるさが気になっていた。そのためホテルの部屋にあった青竹にすぐに目が留まったのだ。

ネットで検索してみると、竹のカーブがマイルドな初心者用、カーブがきつくピンポイントで足裏を刺激する上級者用、竹にイボイボが付いて刺激がアップするものなどいくつかの種類があった。まずは初心者用を購入した。

一日に数回踏み始めると、やはり足裏に痛みと後頭部に何とも言えない刺激が残った。当初は痛くて1分も続けることはできなかった。つま先から踵《かかと》まで足裏全体をほぐしながら踏んだが、特に土踏まずの部分では痛みが激しかった。

この青竹踏みの良さは何よりも手軽にできることだ。洗面所の床の上において、歯を磨くときや風呂上がりのついでに踏むだけで足りる。用具を準備したり、着替える必要もない。そのためほぼ毎日続けている。最近は徐々に痛みが和らいできた。同時に1か月余りすると足のだるさも少し楽になってきた。

ネットの中で、医師が青竹踏みには血圧を下げる効果が期待できるとか、ふくらはぎの筋肉が刺激を受けて血行がよくなると書いていた。私は竹を踏むたびに、足の親指から小指までの5本の指が少しだけ開くことに気がついた。足指の間に滞っていた血流がよくなる効果が大きいと勝手に思っている。足指を以前よりも大きく広げることができるようになった気がする。これらの結果はあくまでも私個人の感想であるが、青竹踏みのやり方もネットで紹介されているので、自分なりに試しながらこれからもやってみるつもりだ。

コロナ禍では、大変なことや失うものもあるが、同時に新たなスキルや健康法を身に付けるチャンスにもなる。マイナス面ばかりに目がいかないようにしたいものだ。

おうち時間にラジオ

2020年6月の神戸新聞を読んでいると、コロナ禍でのリモート勤務や在宅勤務が増えたことによってラジオの魅力が再評価されているとの記事が目についた。

ラジオ関西（神戸市中央区）によると、4月の緊急事態宣言以降、インターネットを通じて全国のラジオ番組が楽しめるサービス「ｒａｄｉｋｏ（ラジコ）」の聴取者数が平時の1・5～2倍近くで推移しているという。各番組に届くリクエストや便りも2倍近くになっているそうだ。会社員や学生が自宅にいる「おうち時間」が大幅に増えているからだろう。

ラジオ関西の編成部長は、「新しいリスナーが増えており、各番組が活気づいている」と記事の中で語っている。スタジオでは出演者の間に飛沫対策のアクリル板を設置して、ゲストは自宅などから音声を届けるリモート出演で対応しているそうだ。

私も1～2か月に一度、短い時間であるが自宅の電話でラジオ番組に出演している。この4月と6月分では、いつもとは違って知人からラジオを聞いたと連絡があり、リスナーから直接メールをもらったことがあったので余計にこの記事に関心を持った。

現在の定年後の世代は、若いときに深夜ラジオを聞いた人が多いだろう。私は関西在住だったので、中高生の時は、笑福亭仁鶴師匠の声が響きわたる「ヤングリクエスト」や現在の桂文枝師匠がＭＣ（メインキャスター）を務める「ヤングタウン」などの番組を布団にくるまって聞いていた。翌日の学校では番組のことを語り合い、私は「ヤングタウン」

のクイズコーナーに出演したこともあった。

今から20年ほど前の40代半ばに、南海ホークス（現・福岡ソフトバンクホークス）の本拠地だった大阪球場の跡地に大型商業施設を開発することになった。その際に、吉本興業と南海電鉄が共催で、この地から発信できる新たな人材を育てたいということでコンテンツを募集したことがあった。

私はサラリーマン向けのラジオ番組の企画書を書いて応募した。会社では支社長職にあったので、プレゼン会場に会社の関係者が来ていないかと気になったが、頭を黄色に染めた男性など芸術家を目指している若い人ばかりだったのでそれは全くの杞憂《きゆう》だった。面接官は、関西のテレビにもよく登場するK氏で、ラジオ番組の企画書に対する理解はもう一つだったが、何か面白いとは感じてもらえたようだった。

企画の内容は、多くのサラリーマンが悩みやストレスを抱えている時代だからこそ、心からリラックスできる番組を音楽と共に提供してはどうかというものだった。ざっくばらんにいろいろなことを語り合える場を会社内に求めるのは簡単ではないからだ。当時は私自身も会社生活に行き詰まりを感じていた。それが小さい頃の深夜ラジオの体験と結びついたのだ。

40代後半に休職した時に、今後やりたいと思ったことは、本を執筆すること、講演や企業の研修において自分の言葉で発信すること、大学の専任教員になって若い人に語りかけること、ラジオのパーソナリティーになることだった。最後の一つだけはまだ実現していない。

コロナ禍のタクシー運転手

2020年8月に放送されたNHKのBS1スペシャル「あのとき、タクシーに乗って〜緊急事態宣言の東京〜」というテレビ番組をビデオに撮っていたので再び観た。新型コロナウイルスによる外出自粛が続いた期間に、タクシードライバーとお客さんとのやり取りをリアルに描いたドキュメンタリーだった。

私はなぜか、昔からタクシーに乗車した時にドライバーと話し込むことが多い。一期一会というか、短時間の間に全く知らない同士が車内という密室であれこれ話すことができる。しかも支払いを終えて降車すれば、その場限りで全く関係がなくなる。こういう心地の良い場は私にとってほかにない。

番組では、タクシーに設置した固定カメラを通して乗客との車中でのリアルなやり取りを撮っていた。取材に応じた四人のドライバーもそれぞれ魅力的な人たちだった。実直に顧客を獲得しようと奮闘する人、元気な声掛けが持ち味の人、乗客がいない時は「上を向いて歩こう」を熱唱する運転手、俳優と兼業しながら働く若いドライバーである。収入が激減して感染のリスクとも隣り合わせのなか走り続けている。

お客さんもコロナ禍の影響が如実に出ていた。コロナ関係の給付金の手続きに来た飲食店経営者、薬だけをもらいに病院に行く人、在宅勤務になって自宅にこもれる方が良いと語る若い女性、生後まもない乳児の健診を終えたお母さん。出産当日の家族の立ち会いや出産後の家族面会もできなかったそうだ。外出自粛の中で、お客さんもいつもよりしゃべりたくなっているようだ。

深夜2時に二人の外国人を乗せた場面が印象に残った。目的地までの料金はいくらになるかと聞かれて、ドライバーが5000円位というと、「お金が3000円しかない」という。「助けることはできませんか？」と聞かれて「メーターで走っているので無理です」と答えると、「この3か月仕事ないよ」と客は言う。ドライバーは「分かりました。残りは私が出します」と言って目的地に到着した。「心のどこかで同情しました」と運転手は語った。

そのあとに乗車した客は、「（運転手さんは）私に一生懸命に話をしてくれている」と言って、４５００円の料金なのに1万円札を出して「お兄さんのファンなんで」といってお釣りを受け取らずに行ってしまった。ドライバーは唖然《あぜん》として「嫌なことがあっても一切帳消しになることもある。運が悪いと思わないようになりました」と話す。別のドライバーは、横浜まで行く長距離の客を送り届けて「私にはタクシーの神様がついています。だから変なひねくれた考えをしていたらダメだと思いますね」と語っていた。

画面を見ていると、タクシードライバーの仕事は、見知らぬ人に会うことではないかとさえ思えてくる。明るく前向きな気持ちでいることが良い出会いを生むポイントだと彼らはよくわかっている。これはコロナ禍という大変な状況を生き抜くためのヒントになると私は感じたのである。

コラム　コロナを笑いでぶっ飛ばせ！

２０２１年新年事始。

あけましておめでとうございます。

みなさんのお顔が、いとしこいし。外は、サブロー・シロー、少し風邪気味で、はな寛太・いま寛大、でも顔は、スマイル。昨年末の「Ｍ－１」王者はマヂカルラブリー。

大晦日の百貨店ダイマルラケットは、たかしひろし、タカアンドトシ。藤崎マーケットで買ったのは、カウス・ボタンとハイヒール、眼鏡はミキ、電池はプラス・マイナス。隣のどんきほ～ては、やすしきよし、安田大サーカス、ナイツ。代金はテンダラー。

蕎麦屋は、てんやわんや、スタバのコーヒー、ブラックマヨネーズ、街を歩くは、サンドウィッチマン。我が家に戻り、風呂に入って、シャンプーハット。昨年最後の食事は、霜降り明星、くりぃむしちゅー、ミルクボーイ、とろサーモン、和牛で、シヨウショウ、ハライチ、まんぷくアカデミー。

「紅白歌合戦」の鳳《おおとり》啓助・京唄子は、MISIA。時計が、チックタック、除夜の鐘が、祇園に、ぼん・はやと、ひびき・こだま。街の明かりはレイザーラモン、流れるテンポはツービート、変ホ長調。

昨年の嫌なことは今日で捨丸・春代。新年の敏江・玲児で、気分は、ちゃっきり娘、服装はノンスタイル。天気も、雨上がり決死隊で、凧が、はるかかなた、大空テント、ひこーき雲。この気持ちを、南都《なんと》雄二《ゆうじ》・ミヤコ蝶々、今年も、のりおよしお、テレビ番組はコメディNo.1、フットボールアワー、サッカーはスーパーマラドーナ、野球は、インディアンス、金属バット、ピンボール。

雑煮は、やはり日本のアジアン、年をとっても、見取り図もって、Wヤング、ゆーとぴあをみたい。よゐこは、コタツを囲んで、トミーズの、オセロ、ゲーム、囲碁将棋。

友達の三四郎が、今喜多代、一緒に初詣に、いくよくるよ、オール阪神電車で、レツゴー三匹、行ってき、ますだ・おかだ。神社の前は、人が、くにおとおるで、かしまし娘、ウーマンラッシュアワー。モンスターエンジンの車はトレンディエンジェル、尼神インターをスピードワゴンだが、道は、U字工事、とんねるずでパンクブーブー。

メイプル超合金の鈴を鳴らすと、ジャルジャルと、こだまひびき。えんにちではかまいたち。参道で食べた、こん松・せんべい、おぎやはぎ、なすなかにし、天津あまぐり。相席スタート、銀シャリ、からし蓮根、横山プリン、笑い飯、〆さば、これでは無理だよスリムクラブ。引いたおみくじの、メッセンジャーは、ダイアン吉日、華丸・大吉。りあるキッズは、かける・めぐる、前のオジンオズボーンの次長課長は、千鳥あし、で歩くダウンタウン、路でダイノジ。歌うは、大阪ベイブルース。

こんなしょうもないことを、南海キャンディーズ、チュートリアル、もうこのへんで、エンタツアチャコ。新年もすゑひろがりず、人生幸朗・生恵幸子。今年もよろしくお願い申し上げます。

第4章　こころの居場所

加齢による変化

2018年6月18日の大阪府北部地震の朝の揺れはかなり激しかった。宝塚の自宅では、花瓶が棚から落ちて割れたくらいですんだが、大阪の高槻市や枚方市などを中心に大きな被害が出た。当日は、大阪市内の企業で研修が予定されていたが早々に中止の連絡が入った。交通機関も動いていなかったのでどうにもできなかった。高槻市の小学校でブロック塀が倒れ、4年生の女子児童が亡くなった。このニュースは何度も報道されたが、聞くたびにいたたまれない気持ちになった。

今回の地震では、止まった電車の中で長時間過ごすことを余儀なくされた人や出勤途上だったので会社にも行けず、自宅にも帰れず立ち往生した人も多かった。

私の学生時代の友人は、電車が止まり家に戻れなくなった娘さんを迎えに行くために渋滞のなか車を走らせたそうだ。彼は、「阪神・淡路大震災の時は40歳で、まだ体力があったけど、今、あれと同じことが起きたらどうするだろう。非常に備えるには体力がいるなぁ。」とSNSに書いていた。

私もまったく同じようなことを考えていて、20年以上前に遭遇した阪神・淡路大震災の時のことを思い出した。あの時は、会社でも家でも、体力に任せて震災対応に取り組んだが、今ではあのような行動はできないだろう。

当時は、電気は比較的早く回復したが、ガスも水道もなかなか復旧できなかった。家では小学校の校庭に来た給水車の前に並び、親族の安否確認にも追われた。

会社では支店の次長職だったので、お客さんへの対応や、被災した職員の状況確認をはじめいろいろな課題が次から次へと飛び込んできた。自宅が倒壊したマネジャー数人の住まいの確保も私の仕事だった。空いている一つの社宅に二世帯が入ることを本人たちに説得したり、転勤して空き家になっている先輩の自宅を借りるために鍵の受け取りに出向くこともあった。もちろん私だけではなく周囲の人たちもいっぱいいっぱいでやっていた。インフラ企業に勤める知人は、「お父さん、頼むから家にいて」という妻の懇願を振り切って出勤していた人もいた。震災から一週間して大阪市内のサウナで浴びたシャワーの心地よさは今も覚えている。

今回の地震では、鉄道などは比較的早く復旧したが、長期の避難生活を余儀なくされる被災者は相当数いるそうだ。あの40歳の時には、年配の人のことを考える余裕はなかったが、60代半ばになった自身のことを考えると避難生活は本当に大変だろう。阪神・淡路大震災の時は寒さ対策だったが、これからの時期は熱中症対策も必要だ。学校の体育館を使う避難所にはエアコンなどの設備はないだろうから気を付けなければならない。役所などのきめ細かい対応をお願いしたい。

40歳の時に比べると体力は低下したが、被災した年配の人のことを思い浮かべることができる。年齢を重ねると見えるものも違ってくるようだ。

男の定年後、女の定年後

2018年に婦人雑誌で女性作家との対談があった。テーマは「定年後の過ごし方」だった。彼女は、定年を迎えた独身女性の老後や終活を応援する団体を主宰しているという。その団体の会員が最も不安を感じているのは、自分がひとりぼっちになってしまうことだそうだ。経済的に不安はなくても、今は寿命も延びて定年後に長い時間が残されている。その間をひとりで過ごすのはあまりにも寂しいので、仲間を探すために彼女の主宰する団体を訪ねてくるのだそうだ。

その話を聞いて、少し違和感が残った。私の取材では、定年退職後に、「友だちができなくて寂しい」と嘆く男性は滅多にいなかったからだ。そもそもひとりが好きだという人もいるし、自分を掘り下げるという点ではひとりであることは悪いことではない。

それよりも、男性にとって不安なのは、〝自分の居場所〟がなくなってしまうということだ。それまでは会社という居場所があり、果たすべき自分の役割があったのに、定年によってそれらを失い、自分と社会とのつながりが切れてしまう。「これから、何をして生きていけばいいんだ?」という状態が男性にとっては最も不安なのではないか。

定年後、女性は一緒にいる〝友だち〟を求めるのに対し、男性は自分にとっての居場所を求めるといっても良いだろう。男性は友だちが必要ないわけではないが、能力を活かしたり、自分らしく過ごせる居場所があることがもっと大事なのである。

何でも男性、女性と区分けして紋切り型に考えるのは良くないが、一般には女性のほうが人付き合いに長けている。女性の場合は〝生活感〟という共通言語を持っているので、友だちも作りやすいし新たな場にもなじみやすいのだろう。

「おばあちゃんの原宿」と呼ばれる巣《す》鴨《がも》地《じ》蔵《ぞう》通《どお》り商店街を歩いた時のことを想いだした。その日も多くのお年寄りで賑わっていたが、ほとんどがおばあちゃんばかりで、おじいちゃんの姿は少なかった。その時に感じたのは商店街の店舗である。まさに生活に根差した店ばかりだった。婦人服、小物、雑貨、寝具、袋物、和菓子、お茶、団子などの店がずっと続いている。私が小さい頃に耳にした「メリヤス」を看板に掲げた肌着の店もあった。

これに対して男性が集まる商店街のイメージはわいてこない。逆に年配の男性が集まるという意味では競馬場、パチンコ店がそうかもしれない。生活や日常というよりもむしろ非日常の世界である。

仕事一辺倒でやってきた男性は、女性のように生活感を持ちづらく、会社に代わる居場所も見つけにくい。それだけ会社は居心地の良い場所だったのかもしれない。

男性が求める居場所も、やはり人とのつながりであることは間違いない。そう考えると男女とも人生の後半戦は新たな人付き合いを築いていく時期だと言っていいだろう。そのやり方がちょっと異なるのだ。ただこの違いは定年後を過ごすには小さくないとも感じている。

キレる老人が増える理由

ある女性のエッセイストが、「昨今は不機嫌ヅラの年配者、街角で他人を罵倒《ばとう》する老人が何と多いことか」と書いていた。彼女の子ども時代には、お年寄りはみなニコニコと穏やかに若い人を見守る存在だと思っていたそうだ。

彼女はキレる老人の原因を前頭葉の働きが衰え、感情のコントロールができなくなるせいではないかと推測していた。怒りっぽくなるのは、老化の生理現象であり、仕方がないことだという。昔はキレる老人が少なかったのは、平均寿命が短くて、前頭葉が衰える前に命が尽きていたからかもしれないと述べていた。

この文章を読んで、80代半ばに亡くなった母親のことを思い出した。私たち子どもに対して今まで一度も声を出して怒ったことのない母親が、孫に対して強い調子で叱りだしたのを見て驚いた。やはり老化現象によって感情のコントロールができなくなっていたのだろう。

私は60歳で定年退職して2年余りの間、どの組織にも属さずに、定年退職者と思しき人がどこで何をしているのかのウォッチングを続けてきた。

地域における図書館・公民館、スポーツクラブ、ショッピングセンター、公園、都心にある書店、喫茶店、理髪店、映画館、カラオケボックス、パチンコ店など、定年退職者が立ち寄ると思われる場所に足を運んで彼らを観察していた。

この時に、高齢の男性が店員などに大きな声を出してクレームをつけている場面に何度か遭遇した。ある私鉄のサービスセンターで運賃の精算をしようとしたら、私と同じ60代と思しき男性が駅員に食ってかかっていた。詳しい内容は分からなかったが、券売機で買った切符であれば定期券との差額の精算をすることができるが、ＩＣカードでは定期券の区間との差額精算ができないことに腹を立てている様子だった。恐縮しながら無理だと告げる駅員を怒鳴りちらし、「それを書いている約款をここに出せ」などとえらい剣幕だった。私は男性の住所と名前を聞けば、彼はひるむのではないかと思いながら自分の順番を待っていた。

またカフェでは、自分の注文した飲み物がなかなか来なくて、後から入店した客の方が早く来たといって文句を言う人や、飲み終わった紙コップをダストボックスに捨てるときに扉がうまく開かなくて、水が服にかかったと若いアルバイトの女性にずっと小言を言う男性もいた。また携帯を使って話している女性に向かって「うるさいなぁ！ 場所をわきまえろ」とどなる老人も見た。

キレる相手が、駅員やカフェ店員など、抵抗や反論ができない立場の相手であることが私をさらに嫌な気分にさせた。

彼らの不機嫌そうな顔をまぢかで見ていると、注文が遅かったことやコップの水が服にかかったことよりも、日頃の生活に満足していない気分が怒りになって表に出ているのだと私には思えた。定年後の居場所がないこともキレる老人が増える一つの理由だろう。

「無職」という表記

「なぜ新聞はいちいち、高齢者に『無職』とつけるのかね。事件や事故に関わり新聞に名前が出たら、自分も『無職』と書かれるんだろうな」という出だしで始まる新聞のコラム記事があった。早期退職を選び自由になった60代の男性が、無職というのは、何かしら「居心地が悪い」とぼやくというのだ。

そのコラムによると、「氏名」「住所」「年齢」「職業」は、社会面の記事や投稿欄などの要になる個人情報で、特に「職業明記」は早くから新聞の投稿要項にあった。戦後すぐには「失業者」「復員軍人」といった言葉にまじり、「無職」も登場するそうだ。

たしかに新聞記事や投稿欄で個人の特定ということからすれば、氏名、住所、年齢は必要だろうが、職業まで明記する必要があるかは少し気になる。

以前の話になるが、学生時代の友人に会うためにある官庁を訪問した。役所の玄関先で、警備の人から「どちらさんですか?」と尋ねられた。「楠木新といいます。○○局の××さんに、会いに来ました」と伝えると、「どちらの楠木さんですか」と尋ねられた。「楠木新です」と答えると、再び「どちらの楠木さんですか」と聞かれた。3回目に私の所属している組織を反復して聞いていることが分かった。その時は個人として役所にいる友人に会いに来ていたので、特に所属を名乗らなかった。

気まずい沈黙があって、警備の男性は不満そうに受付に向かった。戻ってくると、アポの確認ができたのか、うって変わった物腰で私を建物内に通してくれた。

また評論家の矢野誠一氏が書いた「肩書のない名刺」というエッセーには、彼が以前、毎日新聞で企業トップへのインタビュー記事を執筆していた時のことがこう綴られていた。肩書のない名刺を先方に差し出したところ〈トップの秘書に、「あれ、毎日の方じゃないんですか」と、露骨に嫌な顔をされたことが何度かあった〉というのだ。

役所の警備の人も、企業トップの秘書の対応も、相手がどこに所属しているのかが重視される日本社会特有の一つの表れではないか。コラムによれば米紙の投書欄には名前・居住都市はあるが、年齢・職業を定型的に書くことは少なくて、必要があれば文章に組み込むそうだ。

また私が体調不良で会社を長期に休職していた時に、土曜日、日曜日になると、少し気分が楽になることを自覚した。つまり他の人は働いているのに自分が休んでいることに対して負い目を感じていた。無職という言葉は、個人側の「自分は休んでいる」という負い目と、社会からの色づけが表裏になって使われてきたのではないだろうか？

超高齢化社会の中では無職は多様だ。求職中かリタイアなのかも状況は様々である。無職という言葉自体の意味合いは、昨今では薄れてきているのではないか。冒頭のコラムの最後には「機械的な表記に、時代との『きしみ』を感じます」と書かれている。全くその通りだと私も思うのである。

「空想書店」の店主に

２０１９年７月に讀賣新聞の書評欄で、「空想書店」の店主になる機会をいただいた。このコーナーでは、私がエッセーを書くとともに数冊の本を紹介している。そして掲載後１か月の間は、東京駅前の丸善丸の内本店のレジ横に、小さな「空想書店」を作ってくれたのだ。

私が会社員を扱った小説やルポ、評論などを読み漁《あさ》ったのは今から15年ほど前のことだ。当時の私はサラリーマンとして立ち往生していた。47歳の時に体調不良で休職、50歳の時に体調は完全に回復したが平社員。これから何をしていいのか分からない状態に陥った。

いかに自分が会社にぶらさがっていたかを思い知らされた。

会社員である一人一人は、将来に期待や不安を抱えながら生活を充実させたいと願っている。しかし会社員と同じ目線で発信している人はあまりいなかった。コンサルタントや大学教授の主張は会社員の現実とはギャップがあると感じていたのだ。ひょっとすると、この分野にはチャンスがあるかもしれないと考えた。また歓楽街にある薬局の息子として育ったので、商売人や職人、アウトローの人たちに囲まれて過ごしたことも逆にメリットになるのではないかと見込んだ。

そして私は取材して物書き（発信者）を目指しながら会社員を続けた。その時に気づいたのは、執筆と会社での仕事が相乗効果を持つことだった。結局、会社で働く良さを見直すことができて定年まで勤めた。

そういう意味では、会社の仕事一筋の働き方は思いのほか不安定である。私の休職は会社中心の考え方が呼び込んだものだと思っている。会社員は複数の立場を持つことだ。特に中高年以降になれば、会社員以外の「もう一人の自分」を育てることが求められる。自分の個性にあったものであれば、長い定年後にもそれはつながっていく。

この「もう一人の自分」を検討する際に、『私とは何か』（平野啓一郎）は大いに参考になった。そもそも「本当の自分」なんていないのだ。また『会社員とは何者か?』(伊井直行)を何度も読み返した。源氏鶏太をはじめ多くの会社員小説を素材に著者の独自の視点で会社員論を展開していて諸々の示唆をいただいた。最近は女性を主人公にした会社員小説も増えている。「空想書店」では、このほかにも心理学の本や小説を紹介した。

会社員当時も定年後も、私がずっと感じてきたのは、サラリーマンはもっと「いい顔」になれるはずだということだ。組織は社員の個性を重んじるべきであるし、せっかく生まれてきたのだから、社員もさらに主体的な姿勢を持つべきだ。

会社員がふらりと立ち寄ることができて、「いい顔」になれるヒントをもらえる書店が理想だ。この「空想書店」には、五冊の本とともに、私が書いた色紙が掲載されている。そこには、「How many いい顔」とマジックで書いた。

レストランに警察がやってきた

平日の夕刻に洋食レストランで食事をとっていると、一つ隔てた席で食事をしていた夫婦と店のメンバーがもめ始めた。詳細はよくわからなかったが、中高年の男性客が後で持ってきてほしいと依頼していた料理が、順番とは違って早くテーブルにおかれたので、さげてほしいと話した。ウェートレスは言われた通りにその料理を下げた。

ところが男性客は待っていてもその料理が出てこなかったので怒り出した。どうやらウェートレスはその料理はもういらないと判断したようだった。男性客がウェーターに対して大きな声でクレームをつけた。そうすると店長が厨房から出てきて男性客と言い合いになった。店長は一度下げた料理は再び出せないし、団体客が入っているのでその料理を後で出すことはできないと抗弁を始めた。

すると男性客は激高して店長の身体を押したようだった。「私をこづきましたね。暴力はいけない、警察を呼びますよ」と店長が言い出すと、「呼ぶのなら呼べばよい」と男性客が大きな声で応じると、店長は携帯電話で警察に電話をかけて店の住所と事情を簡単に話し始めた。

男性客は本当に電話をかけたのが想定外だったのかトーンが低くなった。

まもなくして警官二人がやってきて、店の外で店長と顧客にそれぞれ話を聞き始めた。レストランは静けさを取り戻し何事もなかったような状態になった。食事後に精算を終えて店を出ると男性客が警官から事情を聞かれていた。彼は初めの勢いはなく静かに答えていた。

中高年のクレーマーや暴力事件についてのまとまった資料はないと思われるが、全国のJRと私鉄計36社が2020年7月に発表した「鉄道係員に対する暴力行為の件数・発生状況について」によると、19年度の暴力行為は581件で、加害者の年齢の割合は、20代以下は16・5%、30代は16・4%、40代は16・5%、50代は20・3%、60代以上は20・7%、不明は9・6%となっている。

暴力行為というと、若者のことかと思いがちであるが、中高年の割合も多く、一番多いのは60代以上である。もちろんクレーマーと暴力行為は同じといえないが、キレる中高年が少なくないことはこの調査からもうかがえる。

今回の男性客には自分なりの言い分はあっただろう。店のサービスや説明が充分でなかったかもしれない。ただ手を出すのは良くない。互いに引けなくなって大きな暴力事件に至る可能性もあるからだ。男性客にすれば自分は顧客なので相手は謝るだけで応酬してこないという読みがあったのではないか。店長にすればアルバイトのウェートレスを守らなければならないとともに、客の言いなりにはならないという態度を彼女に示したかったように私には思えた。

「お客様は神様です」？

『日経ビジネス』の特集にあった「長生きという憂鬱」を読んでいると、〝謝罪文コレクター〟を紹介していた記事があった。ある製造業に勤めるD氏が、会社の不良品の代わりに新品への交換を申し出たが、その高齢者は自宅まで来ることを要求して譲らなかった。訪問したD氏がぞっとしたのは、自宅応接室の壁に数十通のわび状が表彰状のように飾られていたからだそうだ。「たぶん他にやることがなく暇で、人を謝らせることが楽しみになっているのかも」と感じたという。信じられないような話である。ただ私の取材でも高齢の男性が、カフェやスポーツクラブなどで顧客としての立場を背景にクレームをつける姿を何度か見たことがある。

この文章を読んで、私の頭の中に浮かんだのは、三波春夫さんが語ったという「お客様は神様です」のフレーズだ。三波さんは「東京五輪音頭」や大阪万博の「世界の国からこんにちは」を歌った昭和を代表する歌手の一人だ。

ところが三波さんの娘さんが書いたブログには、このフレーズが真意とは違う意味に捉えられたり使われたりしていることが多いと書かれている。

三波さん本人は生前に『歌う時に私は、あたかも神前で祈るときのように、雑念を払ってまっさらな、澄み切った心にならなければ完璧な藝をお見せすることはできないと思っております。ですから、お客様を神様とみて、歌を唄うのです。また、演者にとってお客様を歓ばせるということは絶対条件です。ですからお客様は絶対者、神様なのです』と話していたという。「お客様は神だから徹底的に大事にして媚《こ》びなさい。何をされようが我慢して尽くしなさい」などと発言したことはまったくないそうだ。

その後、トリオ漫才のレッツゴー三匹が「三波春夫でございます。お客様は神様です」という表現を流行させて、このフレーズが世の中に定着したというのが経緯だという。

レッツゴー三匹の舞台の冒頭は、「じゅんでーす」「長作でーす」の後に「三波春夫でございます」と真ん中に立つ正児さんが自己紹介すると、両脇の2人から頬をドツかれてメガネがズレるというギャグが定番だった。

余談だが、私は神戸松竹座の近くで育ったので、何度もレッツゴー三匹のナマの舞台を見ている。当時は新人の頃で破竹の勢いだった。松竹座の裏にあった銭湯でメンバーと出会ったこともある。

大学生に、三波春夫さんは知っているかと聞くと誰も知らなかった。しかし「お客様は神様です」のフレーズはなんとなく皆が分かっていた。お客さん第一にサービスすることが大切だとバイト先の経営者から言われた人もあるそうだ。実際の接客では、「俺は客だから」という横柄な態度をとる人も少なくないらしい。彼らや彼女たちに「お客様は神様です」をどう思うかを聞いてみると、ある学生は、「お客様は神様です」は、サービスを提供する側の姿勢の問題であって、顧客側から要求するものではないという回答が返ってきた。全くその通りだと私も思ったのである。

ひとり定年

2020年のある日、新聞記者から電話取材の依頼が届いた。主に独身やひとり暮らしの方々に読んでもらうページを担当していて、今回は、「定年退職」をテーマに取り上げるということだった。

企業におけるライフプランセミナーでも、当然のように夫婦を前提とした話に終始している場合もある。それも男性の話が中心だ。ところが私の取材でもシングルで定年を迎える人は少なくないというのは以前から感じていた。また女性の定年後も今後はより多く取り上げられるだろう。

2017年に『定年後』（中公新書）を執筆する時にもそのことは意識していた。しかし想定読者は男性だったので、家族のいる男性の定年に焦点を絞った。

取材を経て出来上がった新聞紙面を読んでみると、ひとりで定年を迎えた人たちのいろいろな姿が紹介されていた。

自治体職員として勤めていた女性は、定年後は再任用を選択せずに何か仕事をしようと考えていたところ母親が倒れた。楽しもうと思っていた山歩きや旅行はお預けになったが、母親がやっていた畑仕事がいい息抜きになっているという話や、金融機関から出向した先で再雇用された男性は、週に二回パートで働きながら英会話や水泳、観劇も始めて婚活サービスにも登録したそうだ。また自治体に勤務していた女性は、演劇やコーラスなど趣味を楽しんでいる姿が紹介されていた。当然のことであるが、一人一人にそれぞれの定年後があって決まったモデルなどはない。

その記事の中で、私のコメントも紹介されていた。私の取材した範囲では、シングルの人たちは割と順調に定年後を過ごしている印象がある。家族に依存することはないし、また、家族を言い訳にせずシンプルに自分なりの決断ができる。それまでも自立して生活してきたからだろう。会社員の仕事とは全く別の商売を新たに始めた人もいた。

問題は70代半ばを過ぎて老いが身に染みる頃になって、ひとりだけでは対処できないことが生じてきたときだろう。遠くの親戚より近くの他人というか、身の回りのちょっとしたことを頼める人とのつながりがポイントになる。

それを感じたのは、ある社会福祉協議会の人が「助けが必要になってからではなく、元気なうちに地域においてボランティアなどで活動していれば、もっとスムーズに互いに助け合うことができるのに」という発言に接した時である。なるほどと納得したのだ。

また大阪郊外にあるニュータウンでは、子どもも独立して70代の夫婦世帯の家庭が多い。その地域では、月に一回公民館で男性だけで集まる会が盛況に行われている。私が取材に行った時も70人くらいが集まって楽しい会話が部屋中に飛び交っていた。その活発な活動の理由の一つは、同じ地域内で人とのつながりを確保しておきたいという気持ちがあるからだろうと感じたものだ。しかしよく考えれば、これはシングルの人だけの課題ではない。60代以降に配偶者と死別する人も少なくない。すべての高齢者の課題でもあるのだ。

第5章　お金と健康

老後不安の正体は?

先日、朝のNHKラジオで話す機会をいただいた。今回のテーマは、「老後の不安の正体は?」である。まずキャスターからは、「老後の不安といえば、やはりお金でしょうか?」という質問から始まった。

2019年に金融庁の金融審議会が出した報告書が、公的年金だけでは老後資金は2000万円不足するという内容を示したことが大きな物議をかもした。

金融広報中央委員会の世論調査でも、老後の生活が心配であると答えた人は8割以上で、その理由としては、7割以上の人が「年金や保険が十分ではないから」と答えている。一定額の退職金や年金を受け取っている元会社員もお金を使わずに貯蓄している印象の人が少なくない。

私は定年退職した時に、証券会社で老後資金のシミュレーションを受けた。そこで「90歳で蓄えがなくなる」と指摘された。さすがに驚いたが、そのシミュレーションは定年後に無収入になる前提で計算している点に違和感があった。私の周りでは、60代で働いていない人は少数派。それは総務省の「労働力調査」を見ても明らかである。また現在は雇用延長で65歳まで働く人は多い。そこから仮にアルバイトで月に8万円ほど稼げれば、75歳まで働くと年間で100万円。10年で1000万円になる。

金融機関やファイナンシャルプランナーの多くは、90歳時点で問題のない生活をおくるためには、いくら必要だというところから出発する。しかし5年後の自分がどうなっているか分からないのに、30年後を想定するのは飛躍しすぎていると感じた。

この話をすると、キャスターは、「そこで楠木さんは、どのように考えたのか？」という質問がきた。結論から言うと、取材した人たちからいろいろ教わったのである。

例えば、現役時代はメーカー勤務だったAさんは、60歳で定年退職して人材会社やハローワークに通うもなかなか仕事が決まらなかった。気分的に追い詰められて悲観的にもなった。結局、数か月後にようやく決まった仕事は、想定よりも給料は少なかった。しかし働けるという喜びを感じて精神的に安定したと語っている。また当時は収入のことばかり考えていたが、支出を切り詰めれば何とかなることが分かったという。

現役時代に事務職だったBさんは、夫婦双方の親の面倒を見ていたので退職金と年金だけでは先々のお金のことが心配だった。再雇用で提示された労働条件は良くなかったので、近所のスーパーでの仕事と事務のアルバイトを掛け持ちしていた。スーパーでの商品の搬入や陳列などは肉体労働で初めは抵抗があったが、実際にやってみると爽快感があって体重も減り健康診断の結果も良くなったと嬉しそうに語っていた。

つまり、安心感は、将来も何らかの形で働き続けることや日常の生活を整えることから生まれるということを彼らから教わったのである。不安の反対語は安心だと思いがちだが、実は行動なのだ。また「何とかなる」という気持ちも大切だ。

財産増減一括表

朝のNHKラジオ番組で、キャスターから「お金の不安はどのように対処すればよいでしょうか?」という質問があった。金融広報中央委員会の「家計の金融行動に関する世論調査」(2018年)をみても、家計の『資産』『負債』のバランスを意識している世帯は、比較的不安を抱えていないという結果だった。私の取材でも老後のお金の不安を口にする人は、自分の財産を管理していない人が多いと話した。

するとキャスターから「それは家計簿をつけるということですか?」と聞かれた。実際には、家計簿で収支を管理している人もいれば、預金通帳の残高を見ている人、ネットのアプリを使っている人もいる。自分に合ったやり方で良いだろうが、老後資金に関しては、家計財産の全体を含めた管理が必要だと思っている。

つまり日々のお金の収支だけではなく、銀行預金や株式、マンションなどの資産や、住宅ローンなどの負債もトータルに把握するのである。私は、30年以上、「財産増減一括表」（私が自分で命名）を半年毎に作成している。これは、企業会計の貸借対照表（BS）の考え方を家計に移したものである。

ノートの見開きの左側のページに3月末の財産、右のページに9月末の財産を書き込む。そして1ページを縦に2分割して、左側に『資産』である○○銀行の預金残高や、○○証券会社の株式・投資信託の時価額を記載する。またマンションや車を所有していれば、現在の評価額を記載する。右側には、住宅ローンや自動車ローンの『負債』の残高を記入する。そして『資産－負債』が『純資産』で、その時点での家計の正味財産になる。

キャスターの手元には、私が作成した財産増減一括表の見本があって「項目もそれほど多くなくてシンプルですね。どんなところを見れば良いのですか？」と質問があった。

半年ごとの『純資産』を比較するのはもちろんであるが、各項目の半年ごとの増減も確認するのがポイントである。株式や投資信託の各々の残高を比較すれば、半年間の投資実績が一目で把握できる。銀行預金が減っていれば大きな買い物をしたことを思い出す。ま

2021年3月末　財産増減一括表（イメージ）

資産		2020.9.30との比較
1.株式	小計382万円	56万円
2.投信	小計205万円	78万円
3.金	小計114万円	5万円
4.現金・預貯金	小計850万円	▲12万円
5.自家用車	現在価格135万円	▲15万円
6.住宅	現在価格1,950万円	▲50万円
7.保険	0円	−
資産合計	3,636万円	62万円

負債		2020.9.30との比較
住宅ローン	915万円	▲65万円
自動車ローン	30万円	▲15万円
負債合計	945万円	▲80万円
純資産（正味財産）（資産ー負債）		2020.9.30との比較
純資産合計	2,691万円	142万円
負債＋純資産	3,636万円	62万円

作成手順は以下の通り。**1 株式**、**2 投信**は、証券会社からの３月末、９月末の資産報告から転記。または証券会社のホームトレードで確認。**3 金**の１グラム単位を新聞または金の販売会社のホームページで確認して転記。**4 現金・預貯金**は、当日に銀行のATMで残高照会する。**5 自家用車**は、購入価格から毎回12分の１の金額を減価償却（期間6年）。**6 住宅**は、購入価格から毎回40分の１の金額を減価償却（期間20年）。**7 保険**があれば解約払戻金額を記載。但し、公的年金関係の資産については除外。

た『負債』の住宅ローンや自動車ローンなどは、残高の減り具合を見ておく。このようにして半年ごとの各々の項目の増減額を確認すれば、自分の財産の変動やお金の使い方の大略が把握できるようになる。

ある定年退職した人は、現役の時に比べて収入が減少したので、残高が減ってゆく預金通帳を見て不安を感じていたが、この財産増減一括表を作成して、家計財産全体から考えれば、毎月の減少額があっても大丈夫だと判断できるようになったという例もある。

まずは自分の足元をきちんと把握しておけば、何かがあったときにも、どのように対応すればよいかが自ずからみえてくるのである。また、この「財産増減一括表」を定期的に作成していれば、終活の際にも力を発揮する。

参考に「財産増減一括表」のモデルを右ページに示しておく。

お金の終活

「終活（死と向き合い、最後まで自分らしい人生を送るための準備）で重要なのは後に残る人の立場で考えること」と書いた新聞記事があった。そして終活の意向がある20～60代に聞いた調査では「財産整理」「加入保険の整理・見直し」などが上位に入ったという。

自分の親を看取った経験のある人は分かるだろうが、亡くなる前に親の財産をすべて把握しておくことは簡単ではない。親や配偶者がどんな資産を持ち、どこの金融機関と取引しているのか知らない人も多いだろう。そういう状況で親や配偶者が亡くなると困る人も少なくないはずだ。そこで考えておきたいのが「お金の終活」だ。

元気なうちに、銀行の預貯金や証券会社の投資商品、不動産などをリストアップして、必要に応じて整理・集約しておくことが望ましい。80代にもなれば、自らが認知症を発症する可能性もあって、自身でも財産の管理が困難になることもある。ましてや相続人である配偶者や子どもたちには分からない。

また金融機関に預けているネット資産、電子マネー、暗号資産（仮想通貨）などの相続が新たな問題として浮上している。最近は高齢者でもネット銀行やネット証券を利用している人は私の身の回りにも少なくない。

実際に銀行員に聞いてみると、ネットの預金口座では相続人がデジタル資産の存在を知らないという問題が生じているそうだ。またある証券会社の担当者は、90歳を超えて取引が行われていないネット口座を見ると、「もう亡くなっているのだろうな」と想像することがあるという。しかし金融機関の側からは連絡しないので、本来は自分の財産なのに相続人が請求できなくなるというリスクは残っている。

内閣府・金融庁の資料によると、10年以上にわたり預金者等が名乗りを上げない休眠預金等は、払戻額を差し引いても、毎年700億円程度にものぼる。その預貯金額を社会事業に活かす「休眠預金制度」が2019年1月から始まっている。相続されないまま放置された預金もこの中には多いはずだ。

私の取材でも夫婦や家族で常日頃から財産のことを開示している家庭は少数である。先述の「財産増減一括表」のように財産全体を整理したものをノートなどに作成しておく意味合いは大きい。各金融機関や証券会社に預けている預貯金や株式、投資信託の残高を定期的に記載すれば足りるので作成には手間はかからない。また住宅ローンやその他の借財などの負債額も分かる。

この一括表を含めた資料は一か所にまとめておくとよいだろう。銀行の預金通帳や証券会社からの保有財産一覧表、マンションの登記簿、保険証券などを専用の一つのカバンの中に入れておいて、「自分に何かあったときにはここを見ればよい」と家族に伝えておくという手もある。こうしておけば、万一自分に何かあった時も後に残る人は大丈夫だろう。自らの財産を整理することは、終活にも効果を発揮するのである。

住宅購入のリスク

日本経済新聞が住宅金融支援機構のデータを調べたところ、2020年度の住宅ローンの利用者が完済を計画する年齢は平均73歳で、この20年間で5歳も上がっているというのだ。

晩婚化で住宅取得時期が遅れていることに加えて、超低金利を背景に住宅価格が上昇している。60歳時点のローン平均残高は20年間で約700万円から1300万円超に増えている。また返済期間も平均32・7年と過去最長になったそうだ。

定年退職した私自身に引き直しても60歳時点で1千万円を超えるローンはやはり重い。会社員の場合はもっとも収入が高いのは55歳くらいで、それ以降は、順調に働いたとしても役職定年、定年退職、雇用延長終了に伴って確実に定期収入は減少する。一定の年金を受給できたとしてもローン残高のプレッシャーは小さくないだろう。

紙面では「計画に無理があった」と悔やむ人を例に挙げていた。3000万円を借りて住宅を買ったが定年時に退職金が出なかったことで計画が狂う。年金だけでは返済資金と生活費を賄えず、アルバイトを始めたが生活に窮し、持ち家の売り先を探す日々を送っているそうだ。昨今のコロナ禍では、雇用が不安定になったり収入が減少して住宅ローンの返済計画の見直しを迫られている人もいる。

以前、『定年後のお金』（中公新書）を執筆する際の取材で気になったのは、住宅ローンの貸し手も借り手もリスクをもっと吟味する必要があるということだった。

住宅価格が高い要因は、やはり黒田日銀総裁のもとで2013年4月に始まった大幅な金融緩和だろう。同時に長引く低金利政策は金融機関の収益を圧迫するが、企業の借り入れ需要は強くない。そのため金融機関は不動産関係のローンを重要な収益源と位置づけてきた。貸せるだけ貸せればよいという姿勢ではないだろうが、借り手の返済能力についての配慮がより求められるだろう。また住宅の買い手も当然ながら今後の収入見通しなどを見積もりながら家計管理に対する厳しい目が必要になる。

不動産会社のベテラン担当者に聞くと、はじめて住宅を買う時には、今まで扱ったことのない金額なので収入とのバランスまで考えが及ばない人が多い。おまけに住宅の購入時点で一定程度前のめりになっているので、熟考せずに決める人が少なくないというのだ。

私が「販売時点で返済が滞るかもしれないと思うことはあるのか？」と聞いてみると、「あります。でもそれは顧客と金融機関との関係ですから」と他人事であったのが印象的だった。やはり購入者が自分でリスクを判断しなくてはならない。

またその担当者は「不動産の購入額だけがすべての経費だと勘違いする顧客もいる」と語っている。つまり物件購入後の毎年の固定資産税やマンションの大規模修繕費の積み立て、一戸建てのリフォーム費用などが頭の中にない人がいる。30年以上もローンが続くということは、台所も風呂もトイレもそのままということはありえない。住宅購入に対する個人の事情は様々であろうが、大きな投資であることは間違いない。やはりリスク管理を怠ることはできないのである。

資産寿命を延ばす

先日、出演したNHKのラジオ番組のテーマは、「資産寿命を延ばそう」だった。冒頭にMCのアナウンサーが、「寿命が長くなっているので自分の資産がいつまでプラスかは心配ですね？」と聞いてきた。「定年退職すると収入が減って毎月の収支はマイナスになりがちです」と答えて、定年後は現役の時とは違って資産を取り崩す形になると説明した。

金融庁は2019年の金融審議会の答申で、資産寿命を延ばすことを提言して概《おお》ね3つの方法を指摘している。①「積み立て投資などの活用」、②「長く働くこと」、③「計画的な資産の取り崩し」である。

①は、いわゆる長期投資を前提に株式や債券などに分散投資して資産を増やそうという考え方である。ただリスクもあるので想定した結果が得られないこともある。③は自らの資産を把握して、きちんとした管理を行って資産の目減りを防ぐということである。

最も大切なのは、②「長く働くこと」だ。お金を生み出す確実な方法は、自分自身が働くことである。人は現在の手持ちのお金だけを見がちになるが、将来にわたって働くことができるというのは一番の財産である。お金の課題には老後の不安がつきものであるが、長く現役で働けばその老後を短くすることができる。また健康にも良いと感じることが取材でも何度もあった。

定年を迎えた人が、長く働く方法は、概ね三つのパターンがある。一つは、雇用を継続して元の会社などで働くケース。現在は事業主に65歳までの雇用責任が義務付けられている。

もう一つは、会社員生活で培ったスキルを活かして独立するケース。例えば、保険会社で営業をやっていた人がキャリアを活かして保険代理店を始めるような場合である。そして三つ目が、今までと全く違う仕事に取り組むケース。異なる会社で働く人や個人事業主として蕎麦屋を始めたり、農業に取り組む人もいる。

「実際に長く働いている人の具体例はありますか？」と聞かれたので、保険会社の二人の先輩を紹介した。営業当時の取引先から自社の若手の営業マンを育ててほしいと依頼されたAさんのケース。現役時代の得意の営業力を使えるのでずっと続けられると彼は喜んでいた。またBさんは、学生時代の友人の縁で大学の就職相談センターで働き始めた。彼が学生とやり取りをする現場を取材したことがある。過去の会社員経験を背景に上から目線にならずに学生の疑問に真摯《しんし》に答えていた。二人とも若い人へのアドバイスを通じてやりがいを感じていたので長く働き続けることができるだろう。ラジオでは主にBさんのことを中心に話した。

日本では高齢者の労働市場は必ずしも充実していないので、現役の時から自分にあった仕事を探し始めることが一つのポイントである。また知人や取引先から声をかけられて新たな仕事に就く人も少なくないので、現役での仕事にきちんと取り組み、仲間を大事にしておくことも大切である。この二点を強調して話を締めくくった。

認知症の始まり？

2019年1月にNHKの「日曜討論」に出演した。「どう変わる？ いま考える 私たちの働き方」というテーマで、各分野の専門家に交じって意見を述べる機会をいただいた。組織で働く人の立場から、取材した具体的な事例などを披瀝する役割だとスタンスを決めて参加した。

朝早いナマ番組だったので前日に関西から移動して、スタジオの近くにある千代田区のホテルに宿泊した。会社員当時の友人と一緒に夕食をとってホテルに戻り、翌日の服装を確認するとネクタイがない。「しまった！」。自宅でどのネクタイが良いかを確認していたことまでは覚えているが、カバンに入れ忘れたのだ。すでに夜の10時半。翌日の朝早い番組なので、スタジオに入る時には店は開いていない。

まずは、ホテルのフロントで「ネクタイのレンタルはできますか？」と尋ねると、「やっていません」とのつれない返答。「それじゃコンビニだ」。人っ子一人いない寒風の中、ホテルのすぐ近くにあるコンビニに行くと、「うちでは置いていません」。100メートルも離れていない別のコンビニでも同じ回答。「これは困った」。頭の中では、タクシーに乗って新宿の「ドン・キホーテ」に行くことを覚悟した。広い道路に面したところにコンビニがあるのを思い出して行ってみると、店員が「葬儀用と普通のものと2種類あります」。

「助かった！」。青い水玉のネクタイは１２００円。翌日のテレビ画面では、安っぽくもなく用意していたものよりも似合っていた。

読者の皆さんは、最近忘れることが増えたと感じることはありませんか？ 同世代の60代に聞いてみると、あまり感じていないという人もいれば、忘れっぽくなったとか、人の名前が全然出てこないんだという人までそれぞれだった。

私は最寄りの駅に向かう途中に、ごみ袋をマンションの所定の場所に捨てたかどうかがはっきりしなかったり、はがきをポストに投函した記憶が浮かばないことがある。また今回のように忘れ物も増えている気がするのだ。

認知症のはしりではないか。父母が亡くなった時には、認知症の症状があったが、自分も徐々に移行しているのではないかと不安になる。忘れ物が激しくなった営業マンが、若年性アルツハイマー病という診断を下される荻原浩氏の小説『明日の記憶』も思い出す。

それでは、どうすれば認知症を予防することができるのか？ 書籍などを読むと、適度な運動を生活の中に取り入れることや、バランスの取れた食生活を心がけることなどが書かれている。また友人が多いなど社会的なつながりのある人は、認知症の発症リスクが減少するという見解もある。定年後に何もすることがなくて家の中で退屈な日々を過ごしているだけだと脳への刺激も少なくてよくないだろう。

そういう意味では、無理をせず周囲の人と日々を楽しく過ごすことが一番かもしれない。やはり何らかの意味で現役を続けていることだろう。ときどきはネクタイを締める機会が必要なのだ。

高齢者元年

本当に月日が経つのは早い。小学校時代の一年と還暦を過ぎた一年が同じ長さだとはとても思えない。個人にとっては時計が進む時間とは別の時間が流れていると考えた方が良さそうだ。

私は19年6月で65歳になり高齢者の仲間入りをした。日本では一般的に、65〜74歳を前期高齢者、75歳以上を後期高齢者としている。

この一年を振り返ると、元気で過ごすことはできたが、同時に高齢者の影が忍び寄ってきたことを何度か感じた。

春先には、目の前を黒い影が飛び始めた。右目の真ん中あたりからタバコの煙のような輪っかが横に移動する。病院に検査に行くと、目の前がすべて銀色になってしまう写真を

5枚ほど撮られた。先生と一緒に見ると、私の目に見える黒い輪っかが画面にも映っていた。結論的には、加齢による飛蚊症で大事に至る可能性は少ないという診断だった。文字通り虫が飛んでいるようなのだ。

またここ2、3年、今まで普通に読んでいた新聞の文字がぼやけて読みにくくなっていた。出張でホテルに宿泊した時も部屋が暗いと説明書などの文字がほとんど読めない。今まではメガネやコンタクトレンズとはまったく無縁の生活だったが、9月にはじめて老眼鏡を購入した。よく見えるようになったが、外した時には以前よりもさらにぼやける。出張といえば、ホテルに宿泊して家に戻ると疲れがひどくなった。60歳の時とは明らかに違っている。

また夜中に起きてトイレに行くことも増えてきた。NHKの「ラジオ深夜便」で話した時に夜中に本当に多くの人がラジオを聞いているのだと実感したが、まもなく自分もリスナー側に回ることになるだろう。

あとは物忘れだ。大学の演習中に学生の名前が出てこなくて、「名前を忘れないでください」と突っ込まれて、「いやいや顔や存在ははっきり認識しているが、名前だけが出てこなかった。みんなもそういうことがあるでしょう」と言うと。「ありません！」（笑）という回答が返ってきた。最近はカバンをどこに置いたか分からなくなることもある。秋に中学の同窓生が11人集まったが、一人は机の下に携帯を落としていた。帰り際にはメガネを忘れていることを店員から指摘された人、店を出た時にハーフコートの忘れ物を持ってきてもらった人もいた。

居酒屋でバイトをしている大学生に聞くと、忘れ物をチェックするのが最も大事な仕事の一つだそうだ。忘れ物を店で預かることになると、その後の保管や受け渡しで手間がかかるからだという。若い人は忘れ物をしないが、中高年の男性客の場合は多いという。私だけではないと少し安心した。

12月には血尿らしきものがみられた。レントゲンと超音波検査では結石はなく、前立腺はやや肥大しているがそれほど問題はなかった。肝心の前立腺がんの検査は1週間ほどして大丈夫との結果で安心した。

19年は何か衰えを感じた高齢者元年だった。一方で、65歳の人が何年生きるかという平均余命で言うと、男性で20年、女性で25年ほどある。まだまだ時間はいっぱいありそうだ。当然ながら老け込むにはまだ早い。身に染みる衰えを嫌だ嫌だと思わずに、うまく年齢と付き合っていくしかなさそうだ。

H先生の病気

私と同じ65歳のH先生が、半年ほど前からALS（筋萎縮性側索硬化症《きんいしゅくせいそくさくこうかしょう》）という難病に侵されて入院中だということを知った。

H先生は、絵やオブジェなどの作品をつくる作家であるとともに、主婦や子どもたちが通う織物教室で教えていた。同時に田舎にあるアトリエの近くでは農作物を作り「半農半芸」を自称していた。

私の娘もその教室に通っていたのでH先生と知り合った。笑顔を絶やさず、気さくで肩に力が入っていないのでいつも楽しく話すことができた。もう20年以上も前のことだ。当然ながら子どもたちにも人気があって、誰もが先生に冗談を言って教室には明るい雰囲気が充満していた。

ALSは、運動神経系が障害される進行性の神経疾患で、口や喉が動かなくなると、話す、食べるといった基本的な行為が困難になることもある。さらに進行すると、自身で呼吸することができなくなり、人工呼吸器が必要な状態になることもある。日本における患者数は1万人弱にのぼると報告されており、10万人あたり5人程度の有病率で、50〜70歳に発症することが多いそうだ。

ＡＬＳでは運動ニューロンのみが障害されるため、本人の意識ははっきりしており、精神的なはたらきはまったく支障がないことが特徴である。原因が明らかになっていないために根治を目指すことが難しい病気だそうだ。

40代にＨ先生と出会った頃は、私自身は日々仕事に追われる会社員をこのまま続けることで良いのか、安定した生活を送れてはいるが何か大切なものを失っているのではないかと悩んでいた。その意味でもＨ先生の淡々と何物にも囚《とら》われない生き方はとても魅力的に思えた。日頃の立ち振る舞いや生徒さんに接する様子を見ていてＨ先生を羨ましく思っていた。半年に一度ギャラリーで自作の作品を展示する姿をみた時には特にそう感じた。当時は自分も何か発信したいと考えていたからだ。

教室の通信文によると、呼吸が苦しくなり、呼吸を助ける機械になれるため大阪の病院に入院していたが、教室と病院をテレビ電話でつないで生徒たちと話したそうだ。教室では皆さんが長蛇の列を作って一人ずつ順番にＨ先生にエールを送った。Ｈ先生はそれにしっかり応えてくれた。特に子どもたちと話す時には、「大阪ではボケないといけないから」と朝食用のバナナを耳にあてて電話の格好をしていたそうだ。

一人ずつ順番を待って、子どもたちが呼びかける姿を想像するだけで涙が出そうになった。通信文では、ベッドの上で造られた作品も紹介されていて、「今までの励ます立場から、教室の仲間に励まされる立場になりました。温かい励ましに感謝です」と結ばれていた。

考えてみれば、60代半ばにもなれば、だれに何が起こっても不思議ではないのかもしれない。健康はやはり何物にも代えがたいのだ。H先生の回復を心からお祈りしたい。

健康寿命を延ばす

最近、会社や労働組合から中高年社員を対象とする講演や研修を依頼されることが多い。グループワークを中心とする研修では、事前の宿題として、「5年後のありたい自分」「10年後のありたい自分」を用紙に記載して研修に臨んでもらう。

50歳過ぎの社員であれば、「5年後のありたい自分」は、概《おおむ》ね役職定年になってラインの第一線から降りた時点、「10年後のありたい自分」は、定年を迎えた時点を想定している。そして研修では5、6人のグループ毎に、その時自分はどうありたいかを互いに意見交換してもらう。ここでは多様な話が飛び交うが、参加者の意見が最も一致するのは、

「これからは健康が大事」ということである。

私と同世代である60代前半の元同僚や友人の大半は元気であるが、胆のうポリープの摘出手術を受けたとか、腎臓結石の痛みで大変だったという話を聞くこともある。たしかに健康が定年後を健やかに過ごす最低限の条件であることはだれも異論はないであろう。

ところが定年後の人たちを取材していると、その取り組みは一様ではない。ある人は在職中よりも人間ドックを頻繁に予約して、胃カメラや腫瘍マーカーなどのオプション検査もすべて受けている。なかには初期のがんが発見されて治療に専念している人もいる。一方で健康診断や検査などは一切受けずに元気な時にはそのまま過ごせばよいのだという人もいる。病気が判明すると、人生終盤の大切な期間を入院や治療で過ごすことになる。それはもったいないと、自覚症状が出てから治療すればよいと割り切っているのだ。

2019年の平均寿命は、およそ男性が81歳、女性は87歳であるが、健康上の問題がなく自立して生活できる期間である健康寿命は、男性で72歳、女性で75歳である（ただし2016年数値）。この健康寿命が延びることこそが多くの人が一番望んでいるものかもしれない。

それでは、この健康寿命を延ばすために何をすれば良いのだろうか？ 野菜中心の食事を心がけて、スポーツクラブに通って定期的に運動をして、酒やたばこを控えて、健康診断や人間ドックを怠りなく受診することだろうか。もちろんこれらの取り組みも有効だろう。

しかし、私が講演や研修の中で出会う健康寿命の長そうな人は、少しイメージが異なる。

現役時代に培った営業のスキルを使いながら、定年後も企業数社から営業代行の仕事を引き受けて毎日顧客を飛び回っている70代の男性、地域の子どもたちに絵本の読み聞かせのボランティアに勤しむ70代後半の女性、彼女の夫はマネジャーとして活動を支えている。定年前後から学生時代に興味があった歴史を再び学び直して、「毎日が楽しくて仕方がない」と語る人などなどである。

彼らは、健康を維持するために対応策を打っているというよりも、自分が興味や関心を持っていることに充実感をもって取り組んでいる。彼らを見ていると、健康な人とは、健康のことを考えない人だと思えるのである。

第6章　地域・ご縁

地域とのマッチング

社会福祉協議会で働く女性二人の訪問を受けた。彼女たちは、多くの人に様々な地域活動に参加してもらい、イキイキとした毎日を送ってもらうことを目的に活動している。また、定年退職した元気な男性が地域にいることは分かっているが、積極的に参加する人は少ないという。

そして自分が高齢になって心身の調子が悪くなってから相談に来る人がいる。そういう時には、元気なうちから地域で活動していれば、人とのつながりの中でもっと充実した居場所を確保できたのに、と思う例も少なくないそうだ。

私も二冊目の定年関係の本を書く時に、地域での活動を取材するためにいろいろな場所を廻った。男性定年退職者のみを対象にした農園運営、大都市近郊のニュータウンの中に男性だけが参加する井戸端会議の場づくり、ボランティア講師による無料学習塾運営など、いくつかの地域活動、ボランティアの例を取材してきた。いずれも素晴らしい活動だったが、全体としてみれば定年後の男性が気軽に参加できる場は地域には多くはないというのが実感である。

会社が催す定年前のライフプラン研修では、「退職すれば、皆さんの活動の場は地域になります」といったことがよく言われる。そういう言葉を真に受けてか、「退職すれば、地域でゆっくりするよ」と安易に発言する人もいる。

私も地域活動のことを熟知しているわけではないので偉そうなことは言えないが、そういう話を聞くと、定年後のことを頭でしかとらえていないと思わずにはいられない。当然のことだが、地域には会社員とその家族だけが住んでいるわけではない。商売人も職人も経営者もいる。いわゆる遊び人やアウトローの人たちも住んでいるかもしれない。年齢層も子どもから高齢者まで幅広い。いろいろな人たちの利害が直接衝突することがないとはいえない。

また地域には、昔ながらの人間関係が存在していて、会社での論理や常識では通じない可能性もある。会社中心で働いてきた男性会社員は女性中心の地域活動に簡単に溶け込めないという話を聞くこともある。

彼女たちといろいろ話しているうちに、定年退職者側は地域で活動する必要性や意味合いが大きいことは分かっている。一方で、地域活動を運営する側も、定年退職者が参加して活動することの大切さを理解している。また地域活動に新たな人を呼び込みたい意欲もある。お互いに需要があるのに、隔たりが大きくてうまくマッチングできていない。一番はお互いに相手のことを知る機会がないことだ。

そこで社会福祉協議会のメンバーが企業のライフプラン研修に直接出向いて、地域活動のメニューや内容を説明したり、イキイキ活動している元サラリーマンが話をする機会をもつことから始めてはどうだろう。彼女たちに聞くと、地元には企業の工場や事務所は少なくないそうだ。会社だけでなく労働組合と連携する手もあるだろう。

市民農園の展開

新聞の夕刊を手に取ると、「市民農園　都心で手軽に」というタイトルが目に入ってきた。都市近郊で農業体験ができる施設が充実しているそうだ。手ぶらで参加できる農園やクラブハウスを備えたところも登場していて、従来のシニア層に加えて、現役世代やファミリー層もひき付けているという。

小金井市内の市民農園で週末に汗を流す40代半ばの会社員は、野菜の種まきのために車で来ていた。日曜日に夫婦で通って4年目だそうだ。

この農園では、農作業に使うスコップや長靴、種や肥料など必要なものはすべて農園側が準備しており、手ぶらで来ることができる。駐車場のほか、休憩できるカフェやシャワー室もあるクラブハウスを併設している。農家である園主のサポートを受けられるので、会社員は「初心者の自分でも無理なく続けられる」と話していた。

ここを借りる料金は、約6平方メートル（4畳分）で月7500円からなので、自治体が開設する市民農園に比べると割高だが、施設やサービスが充実しているので、一定の需要を呼び込んでいるのだろう。バーベキュー場を併設した別の施設も記事では紹介されていた。

私は、定年退職者の居場所を検討するために、各地に出向いて取材を行ってきた。その中で自治体から一定区画の農園を借りて、野菜作りや花の栽培に取り組む人が何人かいた。昨今はこの分野に民間も積極的に参入するようになってきたのだろう。農林水産省のHPを見ると、平成17（2005）年に地方公共団体及び農協のみならず、多様な者による市民農園の開設が可能になったとある。

私の取材では、ユニークな取り組みをしている農園の事例にも遭遇した。大阪近郊にある社会福祉協議会が開設している都市型農園である。ここは、対象をあえて男性の定年退職者に限定している。定年退職した男性は、一人で地域社会に溶け込むのに慣れていないため、初めは、このような同質的なグループを作って地域活動に入りやすくしている。そのため個人個人が単独で自分の場所を決めて利用するという形態ではなくて、メンバーが皆で土地を開墾して土や肥料を入れるという共同ファームという形で運営している。この活動によって人と人とのつながりをつくることを目的としているのだ。取材した当時の男性会員は50人にも達する人数だった。

農作業をする現場で話を聞いてみると、皆さんが農園でイキイキと取り組んでいる様子が伝わってきた。その一つの理由は義務と責任が伴う共同作業にあるように思えた。仲間と野菜を育てるために、当番で水をやったり、草を抜いたり、収穫したりといった日々協力して取り組む作業がたくさんある。他のメンバーと協力しながら、これらの義務や役割を果たすことが意味を持つのだろう。

こうしてみてくると、区分けされた農地を貸し出すだけではなくて、都心で手軽に取り組むことができるサービスを拡充したり、共同ファームの運営に工夫を凝らしたりと、市民農園にも多様な動きが垣間見える。選択肢が増えることは、個々人の生活の質を向上させることにつながる。家族で一緒に過ごす場所や、定年後の居場所などの選択肢が多方面で広がることを期待したい。

世代をつなぐ

地域活動について定年退職前後の人たちに話を聞いてみると、自分が住む地域でどのような活動が行われているかを全然知らないことが多い。イメージとしては近所の自治会活動しか思い浮かばない人もいる。正直に言えば定年退職時の私もそうだった。一方で、地域で活動している人は、近所に元気な中高年男性がいることは分かっている。しかし参加してほしいと思っても彼らと出会えるタイミングがない。

そのため社会福祉協議会の人からの話を受けて、会社員と地域をマッチングする催しをすることになった。300人くらいの会場で、1部は私の『定年後』に関する講演、2部は地域で実際に活動している方々とのシンポジウムを行った。

2部に登壇した一人は70代半ばの男性A氏で、息子が地元の少年野球に入部したことがきっかけで少年野球の監督になった。その後、子ども会の副会長を務めて、消防署の勤務が定年になったのを契機に地域活動に専念。いまは、お花見、餅つき、盆踊りなど季節ごとの行事の責任者として活動している。諸団体との調整や地域の相談事にも対応する。

もう一人は、PTA活動に関わったことが地域との出会いとなった70代のEさん。専業主婦として4人の子育てがひと段落した50代半ばに、いろいろな講座を受けてみたがどれもしっくりこなかった。しかし図書館で絵本の読み聞かせ講座を受講して、「これや！自分はぜひこれをやりたい」と思った。今は絵本を子どもたちと一緒に読みながら、彼らの笑顔からすごく元気をもらっているという。このほかにも、異業種の人が集まる会合で幹事を務めている会社員も体験を語り、外国人労働者やその子どもたちに日本語を教えるボランティアの活動なども紹介された。

シンポジウムで、「なぜ地域活動に取り組んだのですか？」という質問に対して登壇していた二人が同じ回答をしていたのが興味深かった。

A氏は子どもの頃、地元のオジサンたちが自分たちとよく遊んでくれて、いろいろなことを教えてくれた。当時のことを想えば自分でも何かお役立ちになるのなら当然お返しをしないといけない気持ちになるそうだ。またBさんは、小さい頃に寝床で父親が昔話を語って聞かせてくれたという思い出を述べて、自分の子どもにも絵本の読み聞かせをしていたことが今につながっていると語った。二人ともが、自分よりも上の世代から受け継いだことを下の世代に伝えている。

ビジネスのように何かを生産して利益を生み出すということではなく、親や先輩から受け継いだものを次の世代にバトンタッチしているのだ。

高度成長期を経験してきた会社員にとっては、「生産のコミュニティ」であるカイシャが圧倒的に大きな存在であったかもしれない。しかし定年後は、「生活のコミュニティ」に移行する。退職者個人から見れば、会社から地域や家族への居場所の転換である。自らの足で地域を巡ってみても良いだろう。

人脈よりもご縁

旧知のM氏から出版社を辞めてフリーランスになるというハガキが届いた。もう15年以上前になるが、私が体調を崩して会社を休職していた頃に、書店の店頭で、ビジネス誌の表紙にあった「サラリーマンが壊れるとき」というタイトルが目にとびこんできた。働き盛りに増加している「うつ」に関する本格的な特集記事だった。

「ひどい疲労から頭痛止まず」「不眠から集中力を失う」「倦怠《けんたい》感で出勤がつらくなる」など私が経験していた症状と同様な記述が続いていた。また症状に至ったきっかけを読むと「抜擢《ばってき》により栄転」「新しい上司との軋轢《あつれき》」「新たな会社への転職」など何らかの環境変化だと書かれていた。私自身も直接のきっかけは転勤だった。

その記事の見出しの横に書かれていた数人の記者の名前を見て上から二番目の人に電話をかけた。それがM氏との最初の出会いだった。

「ビジネスマンに焦点を絞った記事で大変興味を持ちましたが、この分野での専門家はいるのですか」と私が聞くと、M氏は、「特にビジネスマンだけを専門にしている人はいないかもしれません。ご自身で体験されたのなら、何か書き残されるのもいいのではないですか」と彼は答えてくれた。

そして電話の最後に、「長期の休暇があるということは、悪くはないですね」と話しかけてくれた。「そうです。出かける時の近所の目さえなければ最高です」と笑いながら電話を切った。その後、彼の話の通り、体験をもとに初めての本を出版した。

それから4年ほどして、私はサラリーマンから独立や起業した人を取材して彼らを紹介する連載コラムを新聞に書いていた。

同時期に、あるビジネス誌に脱サラして新しい仕事を見つけた会社員を毎週一人ずつ紹介していた連載記事があった。この記事は、その人がどのようにして天職をつかんだかにポイントがおかれていた。誌面に書かれていた転身後の年収は、転身前に比べて減少している人が大半だった。他の媒体では、転職に成功したとか、年収数倍とかをうたうものが多かったので気になった。私のコラムとスタンスが似ているので毎週の記事を楽しみにしていた。実は、この連載記事を立ち上げたのがM氏だったのである。

「会社員のメンタルヘルス」と「会社員からの転身」という一見すると全く異なる事柄に二人の課題意識は奇妙に符合していた。それが縁で、彼と東京で会った時に、「娘がこれから就活なので」と私が話すと、娘の就活をリアルタイムで連載することを勧めてくれた。そのネット記事は結果的には多くの人に読んでもらって書籍化も実現した。東京に住みマスコミで働くM氏と、大阪の生保会社に勤める私との間に接点は見つからない。

これはどう説明したらいいのだろう。偶然にしては、理解できないような確率である。いずれにしてもM氏との出会いがなければ、私の物書きの歩みも異なっていただろう。世の中では、「人脈を作れ」などとよく言われる。でも本当は、人脈というよりも、課題意識に基づくご縁が大切なのではないだろうか？

出会いの十字路

「北酒場」や「石狩挽歌」など、昭和を代表するヒット曲の作詞家で、直木賞作家のなかにし礼さんが、2020年12月23日、東京都内の病院で亡くなられた。82歳だった。

十数年前に、大阪のHEPホールで、なかにし礼さんの講演を聞いたことがある。当時の私は文章を書き始めたばかりで、とにかく作家の講演会があればどこにでも足を運んだ。たしか日本ペンクラブ主催の講演だった。

作詞家デビューした頃に渋谷の交差点で信号が変わるのを待っていると、横にいた若者が、自分の作った歌を口ずさんでいる。その時に、この仕事をずっと続けていこうと決意したと語っていた。講演が終わって会場から興味ある質問が続いた。

70歳くらいのご婦人が「私は朝鮮と満州の国境近くで生まれて日本に引き揚げてきました。最近旅行で生まれ育った場所に行ってきました。そこで秋風に吹かれていると幼女時代に感じたものがまざまざと蘇ってきました。主人も亡くなったので最期はあそこにお墓を作って眠りたいのですが、先生はどう思われますか?」と質問した。満州からの引き揚げ者で、小説『赤い月』の著作もある彼は、自分も子どもの頃の満州の土地のにおいや雰囲気は体の中に強く残っているといい、質問者が話した気分と同様なものが私にもあると答えていた。

また「作詞家と作曲家はどのように連携して曲を作るのですか?」という質問に対して、両者は一つの曲を作るパートナーであるが、一方では敵でもある。互いに相手を上回ろうとする戦いがなければよい歌はできないと語るなど、興味ある話が満載だった。とにかく歯切れがよくてカッコよかった。

亡くなった翌日は、なかにし礼さんの曲をずっと聞いていた。私の心に迫ってくる曲をピックアップしてみると、あることに気がついた。ほとんどすべての曲が私の中学生時代にヒットしていたものなのだ。

彼は息の長い作詞家なのに、私の心の中に響いてくる歌は、1968年から1970年までの歌なのだ。どうしてなのだろう。具体的な曲名を挙げると、ザ・テンプターズ「エメラルドの伝説」(68年)、奥村チヨ「恋の奴隷」(69年)、ピーター「夜と朝のあいだに」(69年)、弘田三枝子「人形の家」(69年)、黛ジュン「雲にのりたい」(69年)、いしだあゆみ「あなたならどうする」(70年)、由紀さおり「手紙」(70年)などだ。銭湯に通うときに風呂桶を抱えながら「雲にのりたい」の歌詞に感動していたことを思い出した。

なかにし礼さんが30歳前後に作った歌が私に響いている。当時の彼が作った歌詞が中学生の私に同期して琴線に触れたのではないか。それに対して40代に作詞したレコード大賞曲「北酒場」では私の心は動かないのである。また私の年齢が上がると阿久悠氏の影響が大きくなる。年齢を経て互いが変わることでズレが生じたのではないか。やはり人は加齢によって変化する。また出会いはその交わる十字路なのである。

女性運転手との出会い

大阪市内でタクシーに乗り込むと50歳前後と思しき女性の運転手だった。最近はときどき女性運転手に出会う。私はかつて『経理部は見ている。』（日経プレミアシリーズ）という本を書く時に、タクシーのレシートにはなぜ時刻が印字されていないのかを徹底して調べたことがある。タクシーに乗車するたびに話を聴いていた体験があって以降、タクシーの運転手と話すことが当たり前になっている。関西の運転手さんはよくしゃべってくれるので助かっている。

彼女に「乗車する時間はいつもきまっているのですか?」と聞いてみると、「9時ごろから19時までです」と語り、会社員の勤務時間とそれほど違わないという。

「タクシー運転手になって一番困ることは何ですか?」と聞くと、「酔った人です」という回答が帰ってきた。昼間から酔っている人はいるのかと聞くと、夜勤明けの人もいるので少なくないそうだ。

寝てしまわれると目的地が分からなくなるので、お客さんが乗り込んだときに行き場所をきちんと確認する。以前も走行中に後部座席で爆睡されて困ったことがあるという。どうしようもないときは交番に行って起こしてもらうのだそうだ。

翌週に講演の仕事で札幌に行った。ホテルから札幌駅までタクシーに乗車すると、やはり50代くらいの女性の運転手だった。2回続けてだったので、「女性の運転手さんは最近増えているのですか?」と聞くと、彼女が勤めている会社では5%くらいじゃないかと、少しいぶかしげに答えてくれた。

彼女が乗車する時間は、毎朝7時から17時までで、やはり昼間だけの乗車だ。そこで「タクシー運転手をやっていて一番困ることは何ですか?」と聞くと、やはり「酔っぱらいのお客さんです」と大阪の運転手と同じ答えが返ってきた。

特にススキノあたりの歓楽街近くを午前中に走っていると酔ったお客さんを乗せることが少なくない。初めの頃は、泥酔したお客さんを乗せて大変だったことがあるそうだ。後ろの席で深い眠りに入られると、どうしようもなくなる。お客さんの身体を触ってはいけないルールになっているので揺り動かして起こすわけにもいかない。財布がなくなったとか、セクハラにあったなどの言いがかりを防ぐためだそうだ。やはり対応できない時は交番に連れて行くのだそうだ。酔った女性のお客さんが嘔吐《おうと》する前に、すかさず紙袋を渡して車内を汚すことを防いだこともある。嘔吐物のある袋を自分に渡そうとするので、「それはお客さんが持って帰ってください」と諭したという。最近は歓楽街の近くを走るのを避けているそうだ。

はじめはぶっきらぼうな感じだったが、彼女は話すにつれてどんどん楽しく語り始めた。最近は、タクシー運転手が書いたお客さんとの面白話の本を読むことがあるそうだ。車内は笑いに包まれながら札幌駅に着いた。

運転手さんに迷惑をかけないためにも、自分が交番に連れて行かれないためにもタクシーの車内で爆睡するまで飲まないように気をつけましょう。

チラシを見ていなければ

2021年2月に、人気の大河ドラマ「麒麟がくる」は本能寺の変を描いた最終回で終了した。その時に本能寺の変の謎解きにも挑んだ小説『信長の棺』を書いた加藤廣先生にお話を聞いた時のことを思い出した。実は、このインタビューは私にとって大きなターニングポイントであった。

きっかけは、梅田の紀伊國屋書店で書籍を購入した時に、カウンターに「加藤廣先生サイン会」と書かれた小さなチラシをたまたま見つけたことだ。サイン会の日時と場所が書かれたチラシの下段には「後援：日本経済新聞出版社」と記載されていた。

当時私は会社員からいろいろな仕事に転身した人の話を朝日新聞で「こころの定年」というコラムで連載していた。加藤先生は、長く中小企業金融公庫（現・日本政策金融公庫）に勤められて作家に転じたことを知っていたので、以前から頭の中ではリストアップしていた。『信長の棺』は日本経済新聞の連載の後に出版されて当時の小泉総理が愛読書として挙げたこともあって大ベストセラーとなっていたからだ。私自身も『信長の棺』を読んでその面白さにひかれていた。作家に転身した経緯や70代半ばにベストセラーを書いた話を直接聞きたいと思った。同時に日本経済新聞出版社となんとか関係が持てないかと考えて、直接先生ではなく、あえてサイン会を後援している日本経済新聞出版社に取材依頼の電話を入れたのだ。

私は関西在住なので書籍の編集者と出会える機会が全くなかった。また会社員から異なる仕事に転身した人をテーマに書籍化を考えた時に一番フィットするのは、日本経済新聞の読者層だと想定していた。私自身が大手生命保険会社に勤めていたので、やはり自分に近い人に伝わりやすいと考えていたからだ。そういう意味では願ってもない出版社だった。

当日は、講演会場近くのホテルのロビーラウンジで先生から話を聞いた。その場には一緒に日本経済新聞出版社の比較的若い編集者が同席してくれた。その場も盛り上がって興味ある話の連続だったが、一方で傍らに座っている編集者に「私は、こんなインタビューを続けています。面白いでしょう。私のテーマに関心はないですか」という波動を送り続けた。同時に二人を相手にした忙しいインタビューだったのである。

実は、その編集者は、その後『人事部は見ている。』をはじめ数年間かけて私が日本経済新聞出版社から発刊した5冊の本をすべて担当した人なのである。しかもその日は、『信長の棺』担当の編集者の代理で大阪に来ていた。

偶然の力は不思議だ。もしあの時、紀伊國屋書店で本を買わなければ、カウンターにあったチラシに気づかなければ、その編集者が代理で来てくれていなければ、などどれかが欠けても日本経済新聞出版社から何冊も本を出せなかっただろう。会社組織内では、こういった偶然を体感したことはほとんどない。

この時のインタビューは加藤先生の謦咳《けいがい》に直かに接したこと、日本経済新聞出版社とご縁ができたこと、二つの意味で私にとっては大きなエポックだったのである。

第7章　故郷と家族

はじめてのお散歩

2020年の正月には、娘夫婦が自宅に泊まりに来た。その時に2歳を目前にした孫と一緒に散歩する機会があった。私にとっては孫との初めての散歩だった。住宅街であるが車の往来が頻繁なので、気をつけながら歩かなければと思った。手をつなごうとしたが孫の手が小さいので、彼が私の人差し指をぎゅっと握る形で歩き始めた。

まもなく「ヒコーキ、ヒコーキ」と孫が驚いたように言い始めた。上を見上げると「ブーン」という音が聞こえてくる。彼を抱きかかえて一緒に空を眺めると、大阪空港から飛び立った飛行機が東京方面に向かうのが見えた。その後も「ヒコーキ、ヒコーキ」と興奮したように指差して連呼していた。正月だったからだろうか、15分くらいの間に3回も飛行機の音が聞こえた。普段は飛行機の飛ぶ音は私には聞こえてこない。

また車が通れば「ジドウシャ」、二輪車が来れば「バイク」、「ジテンシャ」など絵本で見たものがすぐ目の前を通るので、その度ごとに指差しをしながら私の顔を見る。

また車が通り過ぎた後で、「ゴミチュウチュウシャ」と言い始めた。初めは何を言っているのか分からなかったが、娘からごみ収集車に興味を持っていると聞いたことを思い出した。目の前を通る車から連想したらしい。「ショウボウシャ」も同様だろう。すぐ後で「ピーポ、ピーポ」と言うので思わず笑ってしまった。「消防車は何色？」と聞いてみると「ミドリ」（？）という回答だった。

乗り物だけではなく、小鳥が鳴くと「トリサン」、カラスが近くに寄ってくると、「カラスサン」とやはり興奮気味に私に語りかけてくる。犬を連れている人に出会うと「ワンチャン」。離れていくと「バイバイ」になる。

考えてみれば、私も同じ道を歩くが、飛行機の音は聞こえない。車やバイクが横を通ったかどうかは意識しない。また鳥の声にも気づかない。自分の関心のあるものしか見ないし、聞こえないのかもしれない。

「おとなは、だれも、はじめは子どもだった。（しかし、そのことを忘れずにいるおとなは、いくらもいない）」は、サン・テグジュペリの小説『星の王子さま』の序文にある言葉である。

さまざまなことに心を奪われることで物事が見えなくなり、そしてやがて見ようともしなくなるのかもしれない。この本は、おとなと子どもの二つの立場を経験していることをもっと大事にしなければならないと警鐘《けいしょう》を鳴らしているといっても良いだろう。

会社員から違う道に進んだ転身者を取材していた時に、子どもの頃の自分を呼び戻している人が少なくないことに気が付いた。小さい頃モノづくりが好きだった人が職人に転じたり、子どもの頃の収穫の喜びが忘れられず50代に農業に身を転じたり、子どもの頃から釣り好きだった人が釣具店を開店したりする例もあった。

孫は家に帰って一週間しても「オジイチャン、ヒコーキ」と今も言っているそうだ。老年になればなるほど子どもの頃の感動やみずみずしい感性を思い出すことが大切かもしれない。

最高の人生の見つけ方

2019年に公開された映画「最高の人生の見つけ方」を観た。主人公は、吉永小百合と天海祐希の女優二人。人生を家庭に捧げてきた生真面目な専業主婦と、仕事一筋で生きてきた大ホテルチェーンの女性社長が、ともに余命宣告を受ける病をきっかけに病院で出会う。今までの生き方も価値観も異なる二人は互いの人生にむなしさを抱えていることに気づく。

二人は、同じ病院に入院していた少女の「死ぬまでにやりたいことリスト」(棺おけリスト)を書いたノートを偶然手に入れる。そして残りの人生にやりたいことが何もないことに気づいた吉永演じる主婦が、「（このリストの内容を）やってみようと思うんです」と話し、それを聞いた天海演じる女性社長が「それ、私も乗るわ」と応じて一緒に実行に移す。

ご承知の方も多いと思うが、この作品は、ハリウッド映画（2007年公開）のリメイク版である。大まかなあらすじは近いが、米国の男性二人を日本の女性二人に入れ替えて作られている。元のハリウッド発の「最高の人生の見つけ方」も再度観てみた。こちらは家族を養うことを優先して勤勉実直に働いてきた自動車修理工（モーガン・フリーマン）と仕事に人生をささげた大富豪（ジャック・ニコルソン）がコンビだ。

日本版の女性二人は「海外に行ってスカイダイビングをする」「ももいろクローバーZのライブコンサートに行く」「専用ジェット機に乗ってエジプトのピラミッドを見物する」など次々とリストの内容を実現していく。二人は初体験の連続の中で生きる楽しさを味わう。

米国の男性二人も同様に、専用ジェット機をチャーターして、やはりスカイダイビングで空を舞い、レーシングカーに乗って互いに競争したり、サファリパークにも足を運ぶ。またエヴェレストを目指してヒマラヤにも飛ぶ。どちらの物語も陳腐な内容になりかねないストーリーであるが、四人の名優のやり取りがリアリティーを演出している。

世界を股にかけて「やりたいことリスト」をやりつくした四人は、いずれも日常の生活に戻っていく。主婦は、頼りにならない夫との相互理解が深まり、気の強い娘と引きこもりの息子とに気持ちを通じ合わせることができた。女性社長は、子どもの頃に自分をひどい目に遭わせた認知症の父親を許す気持ちになる。

米国版の自動車修理工は、看護師の妻や子どもや孫たちに温かく見送られながらあの世に旅立つ。また大富豪の男性は、長く関係の途切れていた一人娘の自宅を訪問して、ぎこちないながらも娘と孫と一緒の時間を過ごす。そして孫の女の子を抱きしめてキスをする。「世界一の美女とキスをする」と書いた棺おけリストの内容を実現したのだ。

残りの人生をとにかく好きなことをやり尽くそうと世界中を巡り、いろいろなことを体験した四人であったが、結局、最後に戻る居場所は自分の足元の家族なんだと、二つの映画はともに主張しているように私には思えたのである。

小説『毎日が日曜日』

私は、2017年に『定年後』(中公新書)を執筆する際に、定年に関して書かれた本をまとめて読みこんだ。健康やお金、また仕事や老後生活をテーマにしたものなど実に多様な書籍があることに気がついた。

また小説も数多く出版されていた。ニュータウンに住む定年退職者たちが過ごす日々と、その仲間たちの交流を描いた『定年ゴジラ』（重松清）、定年して会社の肩書が無くなった男性の心情が赤裸々に描かれている『孤舟』（渡辺淳一）、大手銀行から子会社に出向になって定年を迎えた男性を描いた『終わった人』（内館牧子）などに興味を持った。

「孤独の舟」の意味がある『孤舟』とか、『終わった人』とか、タイトルからしても少しもの悲しい響きがあるのも共通したところだ。これらの小説は、いずれも力量のある作家が書いたのでベストセラーになっている。テーマは中高年以降の働き方、生き方の問題が中心だった。

そのため『定年後』においては、健康や老後生活、お金の問題ではなく、主に働き方、生き方の課題をテーマに取り上げることにした。私自身もそこに関心が強かったからだ。

そして引き続き小説を読み進める中で、城山三郎氏の『毎日が日曜日』（新潮文庫）に大きな刺激を受けた。この小説は1970年代の日本を舞台にしたリアリティーのある経済小説である。綿密な取材を基に書かれていて、特に会社組織中心の働き方の中で翻弄されるモーレツ商社マンの記載は秀逸である。海外から海外への転勤、海外から帰国してもすぐに国内転勤、元社長である相談役のわがままに付き合わなくてはならない悲哀などなどである。一方で、帰国して日本の生活に馴染めない子どもたちに関する悩み、また大きな事故に遭遇した長男への両親の対応などを描いた家族小説でもある。

一見すると、定年とは関係がないようにおもえるが、48歳の主人公に交差する形で定年退職した先輩が何度も登場する。作者の城山氏は、主人公と定年退職した先輩商社マンの二人の対比を通して組織で働く意味を問うている。主人公が二人いるといっても差し支えない。それが小説の構成として成功しているかどうかの議論はあるかもしれないが、サラリーマンの心情がより立体的に描かれている。タイトルの『毎日が日曜日』も定年を意識したもので読者の心をとらえる。

この小説は共感できる内容が満載であるが、時代は変わっていることも事実である。当時に比べて日本は豊かになった。また高度成長期からゼロ成長期に移行した。今までの働き方を見直して、もっと自分自身や家族を大切にしなければならない時代になった。

それを本当に実現するためには会社員はもっと自立や自律を求められることになりそうだ。組織の中に安住するだけでは、自分も家族も守れないことを意識しておく必要がある。

さらには昨今のコロナ禍で働き方の変容も求められている。過去と現在の時間軸の違いにおいても『毎日が日曜日』は示唆の多い作品である。

ありのままで勝負

２０１８年7月に新聞社主催の講演会で釧路に飛んだ。講演テーマは、「定年後の生き方、中高年社員の働き方」。参加者が真剣に耳を傾けてくれたので気持ちよく話すことができた。

この講演が実施されたのは、２０１８年7月23日。ちょうど埼玉県熊谷市で、気温が日本の観測史上最高となる摂氏41・１度に到達した日だ。

前日に、羽田空港を出発するときには35度を超えていたが、釧路空港に到着した時は22度。日本は広いとあらためて思った。釧路に来たのは初めてだったので、丹頂鶴自然公園や釧路湿原の展望台にも足を運んだ。自然の豊かさを感じるとともに連日の猛暑を逃れた心地良さがあった。夕刻には釧路の市街地を歩き回ったが、半袖だと身体が冷えるくらいの感覚だった。

その後関西の自宅に戻ってたまたまテレビを見ていると、ニュース番組で「猛暑が変えた〝日本一涼しい町〟釧路」というテーマで特集が組まれていた。二日前に行ってきたばかりだったので関心をもってテレビ画面を見た。

釧路市は、夏の間も海から冷たい風が吹くため、明治43（1910）年の観測開始以来、気温が30度以上の真夏日となったのはわずか10日しかないという（2020年まで）。10年に一回くらいしか真夏日がやってこない〝日本で一番涼しい町〟として知られているそうだ。夏の間は釧路市に滞在する人が最近は急増しているとグラフを示しながらアナウンサーが説明していた。釧路市で運動部の合宿を行う団体も増えているという。そういえば私が宿泊していたホテルのエレベーターで実業団の陸上競技の選手を数人見かけた。

釧路での講演会では、定年準備の行動ポイントとして「自分をどこに持っていくかが大事」という話をした。定年になると、自分を変えようとする人もいるが、ありのままの自分をどこに持っていけばよいのかを検討する方がうまくいくというのが取材をしてきた実感だ。

たとえば、若い頃に長く海外で工場や発電所を立ち上げるプラントの仕事をしてきた50代の社員は、国内に戻ると自分の働ける場所を失って意気消沈していた。しかし海外に進出する中小企業にアドバイスをする団体のお手伝いを週末に始めてみた。そうすると自分の経験が目の前の中小企業の役員や社員に喜ばれることを実感した。当面は、今のお手伝いを続けて、定年後には中小企業の海外展開に対するコンサルタントとして独立することを考えている。

またある電機メーカーの社員は、自分が専門としてきた技術がもはや最先端ではないことは分かっていた。しかし彼の技術を求める中小企業に移れば、まだまだ活躍できる場があったと語るのである。

自分を変えようと努力して力量を向上させることに注力する人は多い。もちろんそれも意味はあるが、ありのままの自分が役立つ場所を探すという行動も大切だ。そう考えると、講演会の際に参加者が口にしていた「釧路の人口減少や経済低迷に対する打開策が必要である」ことは間違いないが、元々の釧路が持っている〝涼しさ〟で勝負することも充分ありだと思ったのだ。

誰か故郷を想わざる

最近は、「定年後」をテーマに地方で講演をすることがある。少し旅行気分を味わえるし、普段はビルと人ごみの中で過ごしているので、異なる時間を体験できるメリットもある。2018年10月には、富山県の富山市、高岡市を2日間で廻った。「定年後～生涯を現役で生きるためのヒント～」というタイトルで、なぜ『定年後』（中公新書）は売れたのか？という話から始めて、定年後をイキイキ過ごすための行動ポイントまで約90分間語った。

講演を終えてホテルに戻ると、参加していた人から、「今日は新湊《しんみなと》の曳山《ひきやま》まつりがあるのですが、一緒に行きませんか」とお誘いを受けた。たまたま年に一度の祭りのタイミングに遭遇したそうだ。講演の事務局の人も見物するように勧めてくれた。

射水《いみず》市新湊地区に到着すると、たくさんの提灯に明るく飾られた曳山の周りには多くの見物人がいた。昼間は、提灯ではなく花に飾られているそうだ。次々に現れる曳山を見ていると、京都の祇園祭の山車や岸和田のだんじり祭りのだんじりを連想した。

曳山の前面にいる三人の若者の「アーイヤサー、イヤサー」という勇壮なかけ声が港町の古い街並みに響いている。特に曳山が次々と狭い町角を急に曲がっていく時の迫力は充分だった。また川の水面に映る曳山は提灯の明かりが揺れて幻想的な姿を見せてくれる。

これらの曳山は町内ごとにあって、それを住民が引いているそうだ。都会とは違ってまだまだ町内会が生きていることを実感した。

ちょうどその時に読んでいた定年本の一節を思い出した。そこでは、退職後の生活費を減らすために東京や大阪といった大都市から地方都市に移住することを勧めていた。生活水準を下げずに、物価の安い地方都市に住むことで生活費水準を下げることを主張していた。

それを読んだ時には、生活費を下げるためにわざわざ住まいを移すという考え方に抵抗があった。しかしこの曳山が町内単位で運営されている光景を見ていると、そこが故郷であれば充分にありだと感じた。結果として生活費を下げることができればなお良いだろう。

私は神戸で生まれて、京都、大阪、名古屋、東京に転勤などで廻った後に地元神戸で仕事をしている。若い時は何も感じなかったが、最近は生まれ育った地域を歩くだけで嬉しい自分がいる。阪神・淡路大震災で町並みは変わってしまったが、それでも何人かの小学校や中学校当時の友人と語らう機会がある。「バカ話さえできれば、もうそれだけで充分だな」と互いに笑いながら語り合う時もある。

また高校時代の友人M君はかなり以前から「みんな神戸に帰ってこいや」と言い続けている。同窓生たちも現役の時は「アイツ何言うてるんや」、「神戸に帰って俺たちはどう暮らすんだ」という受け止め方であったが、皆が還暦を超えて現役から退きはじめると彼の発言が力を持ち始めた。やはり定年後、故郷に戻るという選択はあるのだ。

地元愛を語る

2019年8月7日に講演のため山形空港から市内に入った。以前働いていた会社の先輩が山形県に住んでいるので空港まで迎えに来てくれた。「今日は山形花笠まつりの最終日なのでにぎやかだぞ」とパンフレットを見せてくれた。私は祭りの日と重なっているとは全然知らなかった。

現在では、青森のねぶた祭、秋田の竿燈《かんとう》祭り、仙台の七夕祭りと並んで東北四大まつりの一つとして全国に知られているそうだ。毎年、日程が重ならないように設定されているため、東北の祭り巡りをする観光客も多いそうだ。

夕刻6時前にホテルに到着すると、「ヤッショ、マカショ!」の掛け声が聞こえてきて、前の道路はすでに多くの見物の人でごった返していた。その中には地元の人もいれば、観光客と思しき人もいた。また道路の両側にはたくさんの屋台が出ていて、美味しいものをほおばりながら祭り気分を味わうことができる。歩行者通路は人や屋台が埋め尽くしていて歩いて移動するのも大変だった。

威勢のよい掛け声と太鼓の勇壮な音色の中、華やかに彩られた山車が先頭に立つ。その後ろから参加グループごとに鮮やかな衣装に身を包んだ踊り手たちが、次から次へとメインストリートを舞台に踊りを繰り広げる。練習も積み重ねてきたのだろう。全部で150団体1万人をこえる踊り手が参加するそうだ。地元のスーパーや建設会社のグループもあれば、証券会社や情報通信会社の山形支店、学校や子ども会のグループもあった。

そこで気づいたのは、踊り手の誰もがイキイキとした表情をしていたことだ。仲間と一緒に身体を動かせば、みな「いい顔」になるのだろう。太鼓を打ち鳴らしている女性グループも力強さとともに楽しんでいる様子が伝わってきた。特に子どもたちが踊っている姿を見ると、こちらの表情も緩んでくる。老若男女《ろうにゃくなんにょ》が次から次へと踊っている表情を見ていると、なにか地元愛のようなものを感じた。

その後、先輩と一緒に近くの居酒屋で山形の郷土料理だけを食べた。いなごの佃煮、芋煮、野菜を細かく刻んだ「だし」をかけた冷や奴、山形牛、茄子の田楽、麩などなど。最後は、山形米「つや姫」のおにぎりでしめた。本当に美味しかった。空港の名前に「おいしい」がついているくらいだから当たり前かもしれない。

午後10時頃に二人で店を出ると、もう祭りは終わっていて、後片付けする人や駅に向かう人がちらほらいるだけだった。先ほどまでの賑やかさとの対比に驚いた。

私は都会育ちで、地方で暮らしたことはない。それでも最近は生まれ育った神戸に対する愛着がますます強くなっている。昔の友人とだべりながら地元を歩くだけで嬉しい自分がいる。翌日の講演の冒頭に、前日の祭りの様子や郷土料理のこと、それに私の地元愛のことを少し語った。いつもより耳を傾けてくれたような気がした。

定年後どこで過ごす

2020年12月の朝日新聞の記事で、「定年後どこで過ごしますか」について8人の声が紹介されていた。年齢的には50代半ばから79歳までの男女である。定年後にどこに住むかは大きな課題であり私も以前から関心があった。

取材の中で、定年後の住まいに関しては、60代前半までと70代以降の二つのパターンがあることに気がついた。

60歳前半では、もうひと仕事というか今までの現役生活を変えることが理由で移住を考える人が多い。第2章P61の「京都移住」の講演者も60歳を機に京都に居を移した。彼の講演を聞いていた人たちも60歳までの人が多かった。

この朝日新聞の記事でいうと、定年後は海の近くに住みたいと思って志摩市（三重県）に移り住んだ元高校教師の女性、趣味の陶芸をやるために早期退職して市街地から山間地域に移住した人などである。この際のポイントは、環境を変えるために自分が主体的に動くことだ。田舎生活に対する憧れだけではうまくいかずすぐに戻ってくる人もいる。

もう一つは、70代以降になって生活の便利な場所への引っ越しである。この記事では、郊外の戸建て住宅を売却して市街地にある中古マンションに転居した男性が紹介されている。将来運転免許の返上を考慮に入れるとスーパーなどへの移動が大変になるという見通しがあり、草刈りや庭の手入れも最近おっくうになったそうだ。市街地の住まいでは、役所、銀行、病院、駅など生活に必要な施設がすべて徒歩圏内にあるので満足しているとのことだ。

先ほどの海の近くに移住した元高校教師の女性も10年後の70代になって膝《ひざ》が痛くなり、人工関節手術をしたことから以前住んでいたマンションに戻ったという。私が不動産会社の神戸支店の営業に聞くと、彼が担当する案件のうち、郊外の一戸建てから便利な都心マンションに移住するケースは全体の2割程度はあるそうだ。

またこの新聞記事で興味をひかれたのは、平日は都会で過ごし、週末は約45キロ離れた田舎へ帰るという生活を送っている人がいたり、50代半ばのパート勤務の女性は、子どもも独り立ちしたので夫婦が別々に暮らして、たまに会う生活が良いのではないかと検討しているという話だ。

このように住む場所を固定せずに田舎と都会の両方に住む、夫婦が別々に住むことも考慮に入れるなどの柔軟な対応も必要だろう。暖かい時期は関西に住んで、冬になれば沖縄で過ごしている知人夫婦もいる。いずれにしてもどこに住むかは生活の基盤に関わることなので、年齢を経る状況に応じて自分にフィットした場所を選択することが大切だ。

紙面の中で最後にコメントをしていた経済アナリストの森永卓郎氏は小規模農業を勧めている。畑は30坪で十分だという。農業をやると筋肉量も増えて健康寿命を延ばす効果も期待できるそうだ。

私は70代にもなれば、生まれ育った場所を活動の基盤にするという選択も充分にあるだろうと考えながらその記事を読み終えた。

『奇蹟の画家』

ノンフィクション作家である後藤正治氏の『奇蹟の画家』（講談社）を読んだ。神戸のギャラリー島田の代表である島田誠氏と、無名だった孤高の画家・石井一男さんとの出会いとその後を描いた作品だ。読み始めると止まらなくなった。

石井一男さんのことは、かなり以前に新聞で読んだ記憶があったが、忙しさにかまけてそのままにしていた。長いコロナ禍で私は地元の神戸を歩き回る機会が多くなって、生まれ育った地域に縁のある人を調べていく中でこの本を手に取った。

1943年生まれの石井さんは神戸市兵庫区の東山市場近くに住んでいて、私が中学生で野球部にいた時はすぐ近くのグラウンドで練習もしていた。

「これは素人の手遊びとはとても言えない。（中略）これだけの作品を描ける人が49歳まで、どこにも作品を発表せず、完全に無名で、かつ展覧会を何度も開けるくらいの高い作品を描き続けていたとは、信じられない」。石井さんの絵を初めて見た時の島田氏の驚きについて『奇蹟の画家』ではこう紹介されている。

石井さんは、父親が戦死して長らく母親との二人暮らしで、古い棟割り住宅の2階にずっと暮らしてきた。定職についたことはなく、当時は、新聞の夕刊紙を地下鉄の駅々に届けるアルバイトで生計を維持していた。通った小・中・高、仕事先、買い物先、出向いた映画館など、60代半ばまで、神戸の湊川・新開地を中心に半径3キロの丸を描くとその円

著者が購入した石井一男さんの油絵

内に歩んできた生息圏がほぼ収まっているという。若い時に一時期絵を描いていたが、45歳から再び取り組み始めたそうだ。描く絵は、ほとんどが女性の顔だ。

本を読んだのちにネットで調べてみると、翌週にギャラリー島田で石井一男作品展が開催されることを知った。私には絵心はないと決めつけていたので画廊に足を踏み入れることは今までなかった。一方で、人の顔つきには小さい頃から興味があったので肖像画には少し関心をもっていた。

画廊では、石井さん本人が年配の女性に絵のことを説明していた。私は壁にかけられている絵を一点一点ゆっくりと観ることができた。少し赤みがかった少女の顔の前で足が止まった。何か惹かれるものがあった。

その後に石井さんに地元のことや絵を描いている時の気持ちを少しお伺いした。画家になる、披露するとかではなく、とにかく絵を描きたい人なのだろうと感じた。気に入った絵を購入すると、石井さんからの申し出でその絵をはさんで一緒に写真を撮ってもらった。いつものようにＦａｃｅｂｏｏｋにアップしようかと思ったが、石井さんの謙虚というか、物静かな佇《たたず》まいからなぜかそういう気持ちにならなかった。

『奇蹟の画家』に印象的な記述があった。ほとんどの作品が完売した初個展が終了して島田氏が代金を渡そうとすると、石井さんは「おカネは結構です。芸術家のための基金に寄付させてもらえませんか」と申し出た。「あなたのような人の援助のために存在している基金でありまして……」と島田氏は驚きつつ答えたという。

松本隆リスペクト演芸会

２０２１年1月30日に神戸新開地の喜楽館（上方落語の定席《じょうせき》）で催された「松本隆リスペクト演芸会」に行く。２０１３年から神戸に在住する作詞家・松本隆氏への感謝を込めて、その歌詞に心を動かされた芸人たちが、彼の作品を落語、ものまね、踊り、手品などに織り込んだ芸を披露した。松本氏は喜楽館には来場しなかったが出演者へ花を贈っていたそうだ。お客さんの年齢は私と同年代の人が中心だった。

ものまねのめぐまりこは、「誰が何と言っても私は松田聖子」と言いながら登場した。舞台から「先生は配信で見ておられると思うんですけど、これからも聖子頑張ります。先生、よろしくお願いしま〜す」とあいさつ。最後に「瑠璃色の地球」(松田聖子)を熱唱。「朝陽が水平線から光の矢を放ち」では鮮やかな情景が頭に浮かんだ。

「木綿のハンカチーフ」(太田裕美)をバックに手品を披露した自称「永遠の25歳」の松旭斎天蝶は「80年代の曲は知らない」と言いながらも「赤道小町ドキッ」(山下久美子)をカラオケで歌っているそうだ。どうやら芸歴は30年以上らしい。

桂あやめが謡う「Sweet Memories」(松田聖子)にのせて林家染雀が女性の着物姿で舞い踊り、月亭遊方は「風をあつめて」(はっぴいえんど)を弾くピアニストを主人公にした創作落語で笑いを誘った。

トリは桂あやめが、いろいろな造花を使って、花同士が会話を繰り広げる創作落語を披露。「赤いスイートピー」(松田聖子)や、かつてこの喜楽館のすぐそばにあった神戸松竹座で活躍した女性漫才トリオ「フラワーショウ」(ぼたん、ゆり、ばら)の花たちも登場させて語りだすと、昔の思い出と結びついたのかお客さんの笑いは一段と大きくなった。また「あやめ」として自身も登場して自虐的に語って会場を沸かせた。

同じ日には、NHK総合テレビで1980年の山口百恵さんのラストコンサートが放送されて大反響だった。私の周囲も多くの人たちが見ていた。視聴率は8・6%と同時間帯でトップになったという。重なったのは偶然とはいえ、多くの人がかつての曲に心を動かされている。最近のBSテレビでは、懐かしのヒット曲を流す番組は定番だ。また昭和の名曲だけを流すスナックや定食屋もあれば、客のリクエストに応じてレーザーディスクの映像を提供している酒場もある。

そういう私も70年代ヒット曲をCDやYouTube、ネット配信、有線放送などで聴いている。なぜこれほど昔の曲を多くの人が求めているのか。私は年齢がいくと、若い頃の自分と出会いたいからではないかと考えている。私もグループサウンズやフォークソング、ニューミュージックの曲を聴いていると当時の記憶が蘇ってくる。先ほどの神戸松竹座で活躍していた芸人の話になると観客の笑いが大きくなったのも同じ理由であろう。

70年代のヒット曲をナンバーにしたミュージカルを作れば、ウケルのではないかと思って拍手をしているうちに幕が下りた。

第8章　過去の自分に出会う

瞳みのるさんを再び

２０１８年5月12日に私が生まれ育った神戸新開地で開催された野外音楽祭に行ってきた。この日の夜のメインステージは、伝説のバンド「ザ・タイガース」のドラマーとして活躍した瞳みのるさん。「昭和のグループサウンズナンバーでノリノリ！」と銘が打たれていた。私が中学に入った頃が、ザ・タイガースの全盛期だった。「君だけに愛を」、「花の首飾り」、「銀河のロマンス」などのレコードが発売されたのは私が中学一年生の時だ。

この会場のほんの近くのYクンの家で「銀河のロマンス」を聴いた時に、「なんていい歌なんだ」と感じたことを思い出した。彼の家には、大きなステレオがあってその音の迫力にも驚いたのだ。当時、私の家には小さなレコードプレーヤーしかなかった。

この歌は、タイガース主演の東宝映画「世界はボクらを待っている」の主題歌でもあった。新開地の東宝でYクンたちと一緒に見た記憶がある。ジュリーの相手役は、久美かおりという新人アイドルだった。地元でこの曲を聴いたから記憶がよみがえったのだろう。

会場の一番前は、年配のご婦人方が手を打ったり、うちわを振ったりしていた。きっと、「私は、ジュリーでもトッポでもなくて、ピー（瞳みのる）が一番とか」当時言っていたに違いない。

男性客も昔の曲になればだれもが口ずさむ。私と同様、かつての何かを思い出しているのだろう。昔の記憶を蘇らせることは、認知症の治療にも使われる方法だそうだ。なぜ脳に良いのかといえば、昔好きだった曲を聴くと、急にそのころのドキドキワクワクした感情が戻り、ある匂いを嗅いだらある瞬間を思い出すといったことがあるように、当時の感情や記憶を呼び戻すことで脳がそのときの状態に戻るからだという。

瞳さんは、１９７１年のザ・タイガース解散以後は芸能界をスパッと引退して、一年間の猛勉強を経て慶應義塾大学に合格。中国文学の研究のために、大学院に進学して北京大学にも留学した。大学院修了後は慶應義塾高校で33年間教鞭を執る。人気グループ嵐の櫻井翔も教え子だと話していた。私の高校時代の同級生は、瞳さんは慶應義塾大学文学部の授業でいつも一番前に座っていたと話していた。この日の歌でも中国語に訳した歌詞や、中国の曲も披露していた。そして60代半ばになって若い頃に取り組んだ音楽活動を再開している。この戻り方が何とも言えず素晴らしいと私なんかは思うのだ。

アンコールでの曲は、「シーサイド・バウンド」。観客全員で音楽に合わせて踊りだした。瞳さんの指導よろしく、音感もリズム感もない私でも何とかステップを踏めたのが嬉しかった。

過去の自分に出会うことも定年後の居場所につながるのではないか。それは平凡に見えたとしても取り替えの利かない、この世にたった一つの『自分の物語』だからである。ひょっとすると瞳さんの音楽活動の再開もそこと繋がっているのではないか。

レジェンド始球式

第100回の記念大会だった2018年の全国高校野球選手権が閉幕した。決勝戦は、大阪桐蔭（北大阪）が金足農（秋田）を13－2で破り、史上初となる2度目の春夏連覇を達成した。金足農は東北勢初の全国制覇を目指したが届かなかった。

今回の大会で私が興味を持ったのが、過去に夏の甲子園で活躍した元球児による「甲子園レジェンド始球式」だ。開幕から決勝まで連日実施された。

開幕日は、5打席連続敬遠を受けた星稜（石川）の松井秀喜だった。その始球式でボールを受けたのが現役の星稜高校の捕手だったというのは偶然にしてはできすぎだ。どれくらいの確率でこうなるのかと想像した。

このあとも、定岡正二（鹿児島実）、牛島和彦（浪商）、平松政次（岡山東商）、水野雄仁

（池田）、板東英二（徳島商）、金村義明（報徳学園）、中西太（高松一）、桑田真澄（ＰＬ学園）などなど懐かしい顔ぶれが毎日登場した。往年の名投手がワンバウンドの投球が多かったのも愛嬌だ。すべての始球式を見たわけではないが、新聞を読むたびに当時の思い出が浮かびあがってきた。

「怪童」と呼ばれた最高齢の中西太（85）には、甲子園でプラカードを持って彼の前を行進した女性（85）が駆けつけて「お互い長生きしましょう」と再会を喜び合ったという話や、牛島元投手が「生きていれば、今日の捕手は香川だったのかなあ」という発言を読んだときはぐっときた。

決勝戦での始球式は、第51回大会（69年）で延長十八回引き分け再試合を演じた三沢（青森）の太田幸司と松山商（愛媛）の井上明だった。

実は、中学3年生の私は、この決勝戦を甲子園球場の外野席で見ていた。今から52年も前のことだ。当時は小学校、中学校を通じて野球をやっていたが、高校では続けるのかどうか迷いながら球場に行ったことを覚えている。

左中間の外野スタンドでスコアブックをつけながら観戦していた。延長十五回、1死満塁の松山商はサヨナラ負けのピンチで3ボールになった。この時はさすがに決まったかなと思ったが、内野ゴロによる本塁封殺などで切り抜けた。また三沢のキャッチャーの名前が小比類巻で二番打者だったことがなぜか記憶に残っている。随分前に同姓の歌手が登場した時にも同じ思い出がよみがえった。4時間を超える試合中にトイレに行かなかったこともなぜか覚えている。今年の金足農の吉田投手は、東北の高校で何試合もほぼ一人で投げ抜き、準優勝だったことなど太田幸司投手と重ねてみている自分にも気が付いた。始球式に登場した元選手たちの物語を知ることで大いに元気をもらった。また半世紀前の自らの思い出が未来を生きる力になっているような気がする。私たちは残りの未来を生きるだけではなく、過去に戻って生きることもできるのだ。

10代に戻る方法

「また逢う日まで」など数々の名曲を生み出した作曲家の筒美京平さんが2020年10月7日に亡くなった。50年を超える作曲活動の中で彼が手がけた楽曲は3000曲に迫るそうだ。私にとっても中学校の修学旅行で歌った「ブルー・ライト・ヨコハマ」、受験勉強を思い出す「また逢う日まで」、南国の風が流れる「17歳」、何度聴いたか分からない「木綿のハンカチーフ」、新入社員当時に流行った「魅せられて」などなど挙げ始めればきりがない。訃報が流れた日は配信で「筒美京平　作曲&編曲」をずっと聞いていた。

実は、私は昔から70年代のヒット曲に対して強い関心がある。曲を聴いていると学生時代の過去の思い出が蘇ってくるからだ。意識したのは40代だからもう20年以上も機会のあるたびに聴いている。

会社員の時は、出張があると有線放送が部屋についているホテルを探した。当時の東京では会社が法人契約していたホテルと、少し高いが築地近くにあるホテルには備えつけられていた。「B-11」が「J-POP 70's Hits」のチャンネルである。部屋に到着してチェックアウトするまで夜通し聴き続けていた。翌日は出張先の会議室で、西城秀樹や山口百恵、山本リンダの曲が頭の中を巡っていた。

いつの間にかホテルの名称も変わり有線放送もなくなった。ところが一昨年、神楽坂に近いホテルで偶然部屋に有線放送があることを知って大喜びした。以降は東京での定宿になっている。

また新聞の下段に大きな広告を出していた「思い出の～」というタイトルの当時の曲を集めたCDも何度か購入した。ただCDでは前の曲が終わったときに次の曲のイントロが頭に浮かんでしまうので興ざめになる。やはり予想もしない曲が飛び込んでくる方がエキサイティングで思い出も広がりやすい。

また定年まぢかになった会社の同僚と、「懐かしの歌謡バー」で好きな曲をリクエストすることもあった。カラオケではなく、オーナーが当時の歌が好きで昔からレーザーディスクで集めていたものを店で投影している。机の上のリクエスト用紙に鉛筆で書いて店の人に渡すという昭和のシステムである。

大阪のビジネス街で当時の曲を流している定食屋もある。現役の会社員時代は週に一回程度は必ず昼休みにその定食屋に通っていたが、同年代の4人の会話は店に流れている懐かしい曲に関するものだった。それほど曲の持つ力は大きかったのだ。店の経営者もそれを狙っていたのだろう。

面白いことに過去の記憶と結びつくのは25歳までに聴いた歌に限られている。筒美さんの曲でいえば79年のジュディ・オング「魅せられて」までである。それ以後の曲では思い出と結びつきにくくなる。誰とも話さずに終日ずっと曲を聴き続けていると10代の頃の自分に戻ることができる。大袈裟に言えば、過去の体験や出来事を振り返ることで、何気なく過ごしてきた人生の意義を深く見出す経験にもなるのではないか。こんな手軽に若い頃の自分と出会えるものは他にはないのである。

40年後の同期会

２０１９年5月に入社40年の同期会が行われた。１９７９年に生命保険会社に一緒に入社した１００人余りのうち、50人を超える仲間が集まった。全員が還暦を超えて60代半ばに差し掛かっている。全国転勤が多い会社だったので、現在の住まいは東京圏と関西圏が中心であるが、すでに故郷に還った人や過去に勤務したところに住宅を手当てした人もいる。場所は東京と大阪の間、浜松の舘山寺《かんざんじ》温泉に集合した。

何十年ぶりに会う人もいるが、一緒に風呂に入り、宴会で語り合うと一瞬にして40年前に戻れるのも不思議だ。

現在も雇用延長を選択して同じ会社や関連会社で働く人もいれば、若い時に転職して別の業界で働いている人もいる。退職して釣り三昧と決め込んで、島にある住宅を購入した人もいた。とにかく40年前に一緒に入社した人であれば参加資格があるのだ。

当時の労働組合の活動や寮生活を語り合ったり、新入社員当時の上司を酒の肴《さかな》に笑い声が続くなど宴会は大いに盛り上がった。

40年の歳月を語る自己紹介では、やはりみんないろいろなことを経験してきている。スポーツ観戦中に、心筋梗塞の症状があらわれて九死に一生を得て元気に参加した人もいれば、残念ながら病魔に侵されて帰らぬ人になった友人もいる。やはり健康であること、生きていること自体が大切だと改めて感じる。

日本には「同期の桜」という言葉がある。同じ時期に同じ会社に入社したことが非常に強い連帯感をつくり上げる。どちらかと言えば、私は社内の人間関係にべったり依存しないよう心掛けてきたが、それでも同期の仲間たちとの絆が薄れることはなかった。定年後数年たった今も個別に会うことも多い。読者のみなさんは、いかがだろうか? 若い頃に悩んだり、落ち込んだりしたときに頼りになったのは、上司や先輩ではなく同期入社の仲間だという人は少なくないのではないか。

私の先輩に、アメリカでMBAを取得して海外でのビジネス経験も豊富な人がいる。彼は「同期」を上手く表現できる英単語は思いつかないという。同期という概念では括れないほど、人種も国籍も年齢も多様化した人々が働いているからだという。

最近のダイバーシティの議論なども考えると、「同期」も必ずしも良い面ばかりではなく、企業運営でマイナス面もあるかもしれない。しかしそれぞれの人にとって居場所という意味はありそうだ。40年前と現在の各人の顔つきを眺めていると、当時は「誰が評価されている」、「あいつは役員になるな」などと互いに語り合ったことも頭をよぎったが、結局はどんな会社生活を送ろうとも、還暦を過ぎれば皆が行き着く先はそれほど変わらない。そう考えると、やっぱり気楽に「いい顔」で過ごすことを優先にすべきだと改めて思った次第だ。

自分史を有効に使う

自らの歩んできた日々を「自分史」としてまとめる動きが広がっているという新聞記事に目が留まった。思い出したのは、私が文章を書き始めた20年ほど前のことだ。当時は自費出版を専業としている勢いのある出版社が4、5社ほどあった。私はどうすれば本を出版できるかが全く分からなかったので、初めはその何社かを回った。

出版社に相談に来ていた人では、自分史を書いている人が少なくなかった。太平洋戦争中に少年時代を過ごし、戦後に自ら事業を立ち上げて息子に継がせるまでの経緯を書き込む人、定年退職後に会社員生活を総括する趣旨で原稿を書いていた人もいた。

私自身は人のライフサイクルの変化に興味があったので、自分史が書かれた本をよく読んだ。当時は、現役を引退した70歳以上の男性の書き手が多かった。

他人が書いた自分史の本を読む中で、定年まで勤めた人よりも途中で転身して新たなキャリアに踏み出した元会社員たちの話が面白いと感じ始めた。その後、会社員から社会保険労務士で独立、そば店を開業、落語家に転身、コンサルタントで独立などの個人の物語の取材に没頭した。それらのインタビューが新聞で連載をするきっかけになった。

冒頭の新聞記事に戻ると、自分史作りを人生の棚卸しと位置づけて自分史の作成を進める団体もあると紹介されていた。その代表理事は「満足したこと、やり残していることを整理することで、自分が今後どのような日々を送りたいのかが見えてくる」と語り、退職後の趣味や生き方を見つめ直すために自分史を活用する60~80代が増えているという。

それに加えて、最近は現役世代の研修に自分史作りを活かそうとする会社が目立つのだそうだ。実は私も50代の会社員に対する研修を企業から依頼されることがある。2013年の法改正で65歳までの雇用延長を選択している会社が多いので、50歳の社員でもまだ15年間会社で働くことになる。シニア社員にどのように充実感をもって働いてもらうかが企業の経営課題になっている。

キャリア研修で自分史を取り入れている会社の社長は、「得意なことや苦手なこと、やりたいことを見つめ直すことにつながる」などと述べる。またシニアビジネスの専門家は

「自分を客観視する手段になるので、人生で大きな決断をする際に利用するのも有効だ」と語っている。

たしかに中高年の一定時点から自らを振り返ることは大切である。自分史を作成する意味は大きいだろう。ただ私がキャリアの取材を繰り返してきた観点から言えば、「内面を見つめるよりも実際に試すことが大事」、「人は考えて行動するよりも、行動して新たなことを考える方がうまくいく」というのが実感である。要は、自ら主体的に行動できなければ得られるものはそれほど多くない。

だから私は、できるだけ個人の行動事例を数多く具体的に紹介して、「この人のように動けばうまくいくかもしれない」と気づいてもらうことに重点をおいて研修を行っている。

手軽なタイムマシン

2019年2月に東京に宿泊した時に、午後3時の講演まで時間があった。上野の美術館にでも行こうかと考えてパソコンで検索すると、ホテル近くの神田駿河台に「阿久悠記念館」があることが分かった。

阿久悠氏のことを知らない人はいないだろう。1937(昭和12)年兵庫県生まれで、

「北の宿から」「UFO」などの日本レコード大賞受賞曲をはじめ、演歌から歌謡曲、アニメ番組のテーマソングまで5000曲以上に及ぶ作品を手がけた。日本を代表する作詞家である。また直木賞候補にもなった小説「瀬戸内少年野球団」は映画化され、作家としてもその才能を発揮した。私にとっては、日本テレビのオーディション番組「スター誕生！」の審査員の印象が強い。

神田駿河台にある明治大学の地下にその記念館はあった。入り口には、レコードのジャケットが壁いっぱいにはられていた。懐かしい歌手の姿と曲のタイトルを見るだけで何かわくわくしてきた。

時代を牽引し続けた彼の業績が、自筆原稿やレコード、書籍、映像などによって紹介されている。特にワープロもパソコンも使わず、精魂を傾けた自筆の原稿の数々には目を見張った。

また阿久悠氏が書いた『日記力』（講談社α新書）という本を読んで驚いた。彼が23年間一日も休まずに書いた日記には、その日の世界情勢や気候、スポーツなどの一日の出来事や事実が連綿と記載されているだけだという。たしかに高校野球の記事を連載していた当時のノートが記念館に展示されていたが、天候や両チームのスコアなどの事実が整然と書きこまれているだけで感想などは何もない。創造は、頭の中で描くことではなくて、まずは事実を事実としてきちんと把握することから始まるのかもしれない。

彼が編集者に、歌詞や原稿を手渡す際には、どんな長い文章であっても後で推敲《すいこう》することはなかったそうだ。その時点で、すでに完成した原稿しか渡さないのだ。目の前には紙を貼って修正した原稿用紙もあった。なかなか原稿の仕上げに到らない私は、恥ずかしくて逃げ出したくなる気持ちになった。

記念館の中には、彼が作詩した代表曲の数々をイヤホンで聴くことができるコーナーがある。年代別や歌手別に検索して曲を聴いていると、若い時の思い出が具体的に浮かび上がってくる。

岩崎宏美の「ロマンス」では、大学時代に夜中まで麻雀をやって、家まで歩いて帰る時にこの歌を口ずさんでいたことや、大橋純子の「たそがれマイ・ラブ」では、同僚の女性社員がカラオケで歌った時にあまりに上手だったので椅子から転げ落ちそうになった記憶とか、ザ・タイガースの「色つきの女でいてくれよ」では、初めての転勤を控えて、どこに赴任になるかと不安を抱えながらテレビを見ていた場面などだ。いずれも曲を聴かなければ一生浮かび上がってこない光景ばかりだ。

この記念館は、本物の作詞家に出会って背筋がピンと伸びる場所であるとともに、過去の自分と出会えるタイムマシンのような空間だった。

歌詞のチカラ

その後、たまたま音楽に詳しい先輩と話す機会があったので記念館に行った感想などを話した。私は、音楽や楽器はからっきしダメだが、彼は会社を退職してからも音楽活動を続けていて、年に何回か演奏会もしている。

阿久悠が活躍した時代は、歌詞のチカラが強かった。しかし最近は曲が主流になっていて耳にする歌詞が心に響いてこないという意見で二人は一致した。それでは、なぜ歌詞が私たちの心に届きにくくなったのだろうか。

先輩は、作詞家と作曲家、歌手といった分業制ではなく、一人で詩もメロディもリズムも作り、しかも自ら歌う人が増えているので、どうしても曲の方に比重がかかるのではないかと話し出した。また彼は、音楽を聴くツールが、昔はレコードだけだったが、カセットテープ、ＣＤ、パソコン、スマホなど多様化している。それが聞き手をカテゴリー化することにつながっていて、結果として歌詞が届く範囲が狭くなっているからかもしれないと言う。

彼の話を聴いていて、私は、聞き手が求めている共通のものがなくなったからではないかと感じた。家族や地域といった共同体が崩れてきたことや豊かになったことがベースにあって、社会全体の求めているものが多様化、細分化されている。もちろん今でも素晴らしい詩はいっぱいある。しかしどちらかといえば仲間内に伝わることが中心で、曲は良くても年配者に歌詞が届かないのではないか。

かつて久米宏さんが長く司会を務めた「ザ・ベストテン」というテレビ番組があった。そこでは当時の五木ひろしも、松田聖子も、もんた&ブラザーズも一列に並んで順位付けが行われていた。演歌も歌謡曲もロックも同じ土俵で並べることができる共通の場が存在したということだ。

記念館に掲げられていた阿久悠の作詞家憲法15条の中に、「個人と個人の実にささやかな出来事を描きながら、同時に社会へのメッセージとすることは不可能か」とあった。その社会が一つではなく分化しているのではないか。もし今の時代に阿久悠が現れたとしたら、かつてのように力のある歌詞を届けることは難しいかもしれない。

それでは、社会に発信しようとしている作詞家は、現在誰もいないのだろうか。この話に及んだ時に、先輩も私も一人いることで合意した。秋元康だ。先輩は、ＡＫＢ48の「恋するフォーチュンクッキー」を挙げた。60年代から70年代の明るい雰囲気を持ち込んだ「人生捨てたもんじゃないよね」というメッセージが刺さるという。私は、欅坂46の「サイレントマジョリティー」だ。「先行く人が振り返り　列を乱すなと　ルールを説くけどその目は死んでいる」という歌詞を聞いた時に、飛びあがるほど驚いた。私が会社の仕事を一旦投げ出すときに感じていたことを見事に言葉にしてくれていたからだ。世の中はまだまだ歌詞のチカラを求めているのかもしれない。

40年前の決断

２０１９年に定年前後の男性が十数人集まった懇親会に飛び入り参加した。すでに退職した人もいればまもなく定年を迎える人もいる。和気藹々《わきあいあい》と会合は始まった。

たまたま隣に座った男性といろいろと話し込んだ。冒頭に、「勤めながら本を執筆することを会社は認めていたのですか？」と聞かれた。「会社には何も言わずに書いていました」と言うと少し驚いた様子だった。

話していると、彼は私が就職を決めかけたX会社で長く働いていたことが分かった。彼とは同年齢なので、ひょっとしたら同期入社になっていたかもしれなかった。

当時は、就職協定があって大学4年生の10月1日に会社訪問が解禁になった。そして翌月には内定が決まっているという短期決戦型の就活だった。

解禁日から数社を回り始めたが、X会社の先輩と相性が合ったというか、興味をひかれた。2回目の訪問では、面接後に小さな会議室に案内されて、はつらつとした若手社員が次から次に部屋に入ってきて声をかけてくれた。「君はなかなか評判がいいぞ！」、「ウチに来ることになったら一緒に働こうぜ」、なかには、「同じ大学の中では君がトップかもしれない」などと語りかけてきた。「ホンマカイナ」と思いながらも社会に出たことがない私にとっては嬉しい言葉だった。そして3回目の訪問で「貴社で働きたいと思います」と告げて、採用の責任者と握手をした。

その夜に、これで就職活動も終了かと思って床についたが、なぜか眠れなかった。まどろみの中で、あんなカッコいい先輩ばかりが次から次に出てくるのはおかしいのではないか。私の実家近くの商店街のおっちゃんたちに比べると、「皆がきちんとしすぎている」、「やる気が前面に出すぎている」などの疑問が浮かんできた。商売人の母親が「仕事が楽で、給料の高い会社に行かなあかんでぇ」と言っていたアドバイスも頭をよぎった。一方で、先輩たちは魅力ある人たちでX会社は就職人気ランキングでも上位の会社だった。一度決めたのだからそのままで良いのではないか。今から他の会社を廻っても遅すぎるかもしれないといった気持ちも強かった。

そして迷った末に、自分の気持ちに素直に従った方がよいと考えて、翌日、X会社を訪問して断りを申し入れた。採用の責任者や先輩たちが広い気持ちで受け止めてくれたことが逆に辛くて、帰り際に思わず涙ぐんだことを覚えている。

懇親会で横に座った同年齢の彼に、「X会社に入社していれば、私は執筆できていたでしょうか?」と尋ねてみると、彼は、「会社は執筆すること自体を許さなかっただろう」と断言した。

還暦を超えて、ときどき「あのときこうしていたら別の世界があったかもしれない」と考えることがある。しかし大半は自らが選択したものではなく、成り行きまかせのことがほとんどだ。その意味では、この内定先を変えたことは例外だといってよい。自分が主体となって決断したことはやはり大切なのかもしれない。

3月になって、ビジネス街や大学でリクルートスーツ姿の大学生を多く見かけるようになった。彼らや彼女たちも自分の進路を大きく変える分岐点で決断を求められることがあるかもしれない。幸運をお祈りしたい。

第二部

終着駅は始発駅

＊ポイント1　居場所は足元に

「バスを待ちながら」

キューバのある田舎町のバス待合所は、なかなか来ないハバナ行きのバスを待つ人々であふれかえっていた。夢や希望を求めて、または今の暮らしから逃れて、都会や国外へと出て行こうとしている。白人、黒人、ムラート（混血）、目の不自由な人、そして子どもから老人までの男女が、人よりも先にバスに乗るために一生懸命だ。なかには2日間も待っている人もいる。しかしやってきたバスはすでに満員で乗ることができたのは一人だけ。

「こんなこともあるさ」と思いつつもバスを待つ人々はイライラしている。

彼らの思いとは裏腹に、その後にやってくるバスはどれもこれも満員。あきらめムードが漂う中、エミリオはあてもなくバスを待つよりこの待合所にあるおんぼろバスを修理しようと提案する。はじめはみな訝《いぶか》しげだったが、結局はほとんどの人がその場に残り、彼らの小さな挑戦が始まった。

映画「バスを待ちながら」パンフレット

最初は口論が絶えなかった人たちもバスの修理のために徐々に助け合うようになる。それぞれ自分の物語を互いに語り始め、次第に彼らの中に奇妙な連帯感が生まれてくる。やがて子どもがロブスターを数匹見つけてくる。彼らにとっては大御馳走であり、どう料理するかが話し合われて、付け合わせの料理を提供する人が何人も現れる。バス待合所の椅子や板でパーティー会場が設営されて、バスターミナル風ロブスター料理をほおばる。その後に音楽が流れるとダンス・パーティーが始まってみんなの心は一つになる。

同じ場所と時間を共有することによって待合所での生活がとても楽しくなってくる。だからバスが来てももう誰も乗りたがらない。

目の不自由なロランドに乗るように皆は勧めたが、そのまま残りたい彼は「ほんとうは目が見えるんだ」と正直に告白する。怒りだす人もいたが、バスの修理に懸命に働いていた彼の目が見えることを祝福しようという声があがる。理想郷が現出したような共同生活であったが、最後には意外な展開が待っている。

これは、「バスを待ちながら」(2000年)(原題:「LISTA DE ESPERA/THE WAITING LIST」(空席待ちリスト))というキューバ映画のあらすじである。創意工夫で目の前の困難を楽しんじゃおうというキューバの人たちの逞《たくま》しさとユーモアを感じてしまう。

余談であるが、日本では20年ほど前に公開されたが、日本国内ではDVDになっておらず公開された当時のパンフレットしか手に入らなかった。最近米国の業者からネットでフランス語の字幕のDVDを購入して視聴した。

バスは「お迎え」？

この映画はキューバの社会主義革命が示したバラ色の未来に対する批判や痛烈な皮肉であるとも読める。しかし映画を見終わったときの私の感想は、「自分の今までの生き方、働き方でよかったのか」という自らに対する問いであった。

将来の就職のためや会社で早く昇進して後で楽をしたいという目論見《もくろみ》、お金を多く稼ぐことによって安心な立場を得たい目的をもって、人より先にバスに乗り込もうとすることで本当に良かったのかという反省だった。

哲学者の古東哲明《ことうてつあき》は、著書『他界からのまなざし――臨生の思想』（講談社選書メチエ）のあとがきの中で、この映画を取り上げている。

「バス停とは、今ここのこの日この場の生のかたちの寓意であった」と述べて、未来の幸福を得るための目的地や、そこへ連れていくバスの意味を検討している。そして身近な生活の場を、とてもいとおしく大切なものだととらえなおす。

たしかに未来に向かうバスに乗っても目的地に到達できるとは限らない。たとえ目的地に到達しても次の目的地に向かうバス停に再び並ばなければならない。将来のために現在を犠牲にする生き方や働き方を繰り返すことになりかねない。映画のようにバス待合所での生活が楽しく完結できるのであれば、誰も未来行きのバスには乗らなくなる。

古東は、「だからもう、バスを待つのはやめよう。〈今ここ〉なるバス停で生きよう。バス停を輝かそう」と呼びかける。たしかにこの映画は、未来の目的地を当てにして現在の居場所をないがしろにすることに対して警鐘を鳴らしている。または周囲の人々と一緒に楽しむ機会を放棄することの意味を問うている。

しかし未来に対する希望に蓋をして「バスを待つのをやめよう」と割り切ることができるかどうかはデリケートな課題だ。特に若い時には簡単ではないだろう。ただ中高年以降は、それまでとは違いバスに無理に乗り込もうとはせずに、バス待合所でエンジョイすること、つまり日常の生活の中で楽しみを見つけるべきであるように私には思える。

自分自身を振り返ると40代半ばまでの人生の前半戦はバスに乗り込もうとすることでも良かったが、50代以降もそういう生活を続けようという気持ちにはならなかった。

また古東は、バスは「お迎え」でもあると指摘する。たった一人しかバスに乗れない決まりになっているのは、乗車できる人はエリート（勝ち組）でもあるが、見方を変えれば死者でもある。いずれそのバスに一人で乗り込むタイミングが来るのであれば、現在のバス停留所で楽しんで生きることが大切だと示唆している。

「夢の中へ」

この映画を見ていて、私の頭の中に浮かんだのは「夢の中へ」という曲だった。井上陽水のシングルとしては20万枚近いセールスを記録した代表曲の一つである。彼のコンサートでは、アンコール曲としてもよく歌われる。

その歌の内容は、探しものがある時には、僕と一緒に踊って、夢の中に行けば、探しものが見つかることはよくある話だと呼びかける。

当時、初めてこの歌を聴いた頃は、私は、世の中に夢なんてあると思っていなかった。探し物はしていたのだが、現実的な将来の安心できる場を求めていた。それから40年ほどして、この歌詞のとおり、探すのをやめた時に何かが見つかることもあった。我慢して何かを得るために頑張るよりも夢の中に入って踊っていたほうが探しているものが見つかりやすい。40年をかけてやっと曲の意味を理解した。

井上陽水がこの歌を作ったのは20歳そこそこだ。なんてことだ。それとも表面的に書いた歌詞に、私が勝手に意味づけしているのか? いやそうではないはずだ。やはり彼は天才なのだ。

もちろんこのバス停での生活を充実させることは、中高年以降だけではなく若い人にとっても考えておくべき大切な点である。

私は大学生から就活の相談を受けることがある。学生にとって就活は初めての経験で、最近はコロナ禍の影響もあるので「不安だ」という声が目立つ。また話の中では「好きなことが見つからない」「個性的なものを持っていない」という嘆きを聴くこともあった。「好きなことが見つからない」は、20歳を超えた若者では当たり前のことではないか。私なんか50歳になってやっと見つかったという案配だからだ。また日本の企業社会では「個性的である」ことはそれほど求められていないと彼らに話した。

「それではどうすればいいのですか?」と質問があったので、「やるべきことが見つからない」と目を外に向けて嘆くのではなく、現在の日常生活の中から「やるべきこと」を見出すことや、身近な生活の中から楽しいことや意味あることを探すことが大切ではないかと回答した。「就活の準備として、毎晩、今日一日で良かったことを三つ挙げてみたらどうか。やっているうちに良いことを探すクセがつく」と話した。それは今の私自身に言い聞かせる言葉でもあった。日々の出来事から学ばなければどうにもならない。夢も含めた定年後の居場所は日常生活の中にある。

*ポイント2　ほんとうの名前は何?

芸名はいろいろ

私の場合は楠木新という芸名（ペンネーム）を使っている。大学にも芸名で出ているので、学生がそれを知ると、驚くというか非常にウケる。たしかに学生から見れば芸能人やタレントならいざ知らず担任の教員が芸名だというのは奇妙なのだろう。私自身は小さい頃から近所にあった神戸松竹座によく通って落語や漫才に親しんでいた。そのため芸名自体にはかつてから興味があった。50歳からは自らも芸名を使い、会社員に有効な実例や知恵を提供するという芸？を身に付けようと著述業に踏み出した。

芸名ですぐに頭に浮かぶのは、歌手や俳優などのタレント名だろう。一般のタレントでは本名からとっている人も多い。私がリスペクトしている、「さだまさし」「やしきたかじん」「中島みゆき」「薬師丸ひろ子」は、本名の表記を変えている例だ。歌舞伎、落語などの伝統芸能では本名とは異なる名前をもっている。

大相撲の四股名やプロレスラーなどの格闘家のリングネームも芸名のようなものだ。ただ格闘家はモンスター・ロシモフ、マッハ文朱、カシアス内藤など、自分の個性を前面に押し出すが、大相撲では、海、山、風といった自然や、志摩ノ海、大奄美、琴欧洲といった出身地にちなんだもの、栃、北、琴、千代、朝といった属する部屋や一門がわかる名前もある。どちらかと言えば、個性よりも自分の出自を表すものが多い。

有名人の物真似タレントの名前は面白い。以前、「ものまね大行進」という浅草東洋館の出し物でアントニオ小猪木（アントニオ猪木）、ジャイアント小馬場（ジャイアント馬場）、ビトタケシ（ビートたけし）などのメンバーに楽しませてもらった。ビトタケシさんとはロビーで少し話をさせてもらったが、ビートたけしさんに事前に挨拶にうかがってものまねをすることを快諾してもらったそうだ。佐藤B作（佐藤栄作）、猫ひろし（舘ひろし）、さくらももこ（桜田淳子＋山口百恵だそうだ）といった例もある。憧れている人などを参考に名前にしているのだろう。

そのほかにも別名で活躍している人たちがいる。小説家もそうである。私がむかし読んで印象的だったのが、遠藤周作が対談で語っていた発言だった。

遠藤周作のほかに狐狸庵なんて名前をつけていて、ずいぶんバランスをとっているのだという。三島由紀夫のように、自分を一つに限定して、しかもトップを走るというイメージで自分のスタイルを決めてしまうと苦しいだろうなと語っていた。『狐狸庵閑話《こりあんかんわ》』は、「こりゃ、あかんわ」とも読める。三島由紀夫ももちろん本名ではない。

私が長くお付き合いをしているサラリーマンで、真言宗の僧籍をもって若い人に対して説法を行い、一緒に四国のお遍路の旅に出ている人がいる。彼は「僧名は本名とは別の役割をもち、周りから防御する意味合いもある」と話していた。

芸名をもってみる

先ほども書いたように私は大学には芸名で出ている。本名でも良かったのであるが、大学の教員になることが決まった時点では、すでに「楠木新」として本を書き、マスコミにも登場していたので、芸名の方が問題は少ないと判断した。

私は40代後半に会社を休職して復帰した時に、その経緯を書いた本を出版できることになった。その際に名前をどうするかで迷った。一つは、会社には当面は執筆していることを伏せておきたかったこと、また今後は会社の役職や立場とは関係なく自分の腕一本で発信したいという思いがあって芸名（ペンネーム）を思いついた。

「楠木」は私が通っていた神戸の中学校の名前から、「新」は、育った地名である神戸新開地からとった。また新たに生まれ変わるという意味も込めた。私が休職してどうにもならなくなった時に、脳裏に浮かんできたのは、子どもの頃の商店街にいたおもしろいオジサンたちや周囲の歓楽街で暮らしていたアウトローの人たちだった。彼らは高い収入や安定した老後などは望めなかったはずなのに、私の周囲にいた会社員よりもはるかに楽しそうな顔つきをしていた。

また中学時代は野球部に入って、放課後は友人と一緒に映画館を巡り、神戸松竹座の漫才やコントをよく見に行っていた。要は遊びまわっていたのだ。中学校を名前にしたのは、あの頃の毎日が永遠に続けばよいと思っていたからだ。山城新伍（京都府立山城高等学校）やラサール石井（ラ・サール高等学校）など出身学校を芸名に取り入れている人もいる。原体験にある地元をひいきにし、愛するということは、祖父母や両親を偲《しの》ぶとともに自分を大切にすることにつながるのではないかと最近は思っている。もちろんこれは私のケースであって、人によってさまざまな思いがあるはずだ。

芸名で執筆や講演などをしていると、今までは本名の自分に縛られていたのだとあらためて感じることがある。勝手に自分に枠組みというか制約を課していた。そう思って周囲を眺めてみると、会社員という存在に自分を押し込めて窮屈になっているように見える中高年は少なくない。

余談であるが、現役の会社員の時に、NHKの「めざせ!会社の星」という番組に登場したことがある。テーマは就活だった。放送があった翌日は会社の廊下でも「昨日出演していましたね」とよく声をかけられたが、「あれは俺のいとこやねん」と言って乗り切った(?)。これも芸名のおかげである。

複数の名前

芸術にも精通して多くの著作を残した白洲正子は、「名前」というエッセイの中で、仏教では戒名をもらうが、背後には「ほんとうの名」という思想を持っているからだろうという。「案外人は本当の名前を知らないもので、会社で課長とか部長とか呼ばれている間に、それが自分の名前の一部の様になり、それをヌキにすると本来の自分ではないような気がする時がある」と語っている(白洲正子、河合隼雄著『縁は異なもの』)。

私にとって執筆や講演、研修のどれをとってもまだまだ試行錯誤の連続であるが、中学生の頃と同様、今は毎日が楽しい。芸名は、私にとって「もう一人の自分」を創るための有効な装置である。本名の私は楠木新のマネジャーという客観的な視点を持てることもメリットだと感じている。

会社員当時は「○○さん」「○○調査役」と呼ばれていたが、定年退職した後は本名で呼ばれなくなった。そのかわり楠木新がほんとうの名前のようになってしまった。自分でも不思議な感じだ。ただ芸名で困ることはほとんどない。携帯電話に出る時に、「もしもし」からはじめて相手を確認するまでは、本名か芸名かのどちらを名乗ればいいか迷うくらいのものである。名付けの文化の中では、昔は、成人してからは幼名と異なる名前を名乗ることもあった。芸の世界では、師匠や過去の名跡《みょうせき》の名前を継ぐ襲名披露もある。自分の成長や年齢を経るのに応じて名前を変えてもよいわけである。

これだけ人生が長くなっている中では、この道一筋ではなくて、あれもこれも的なところがあるほうが柔軟な対応が可能である。また年を経るのに応じて、一生のうちに多様な自分を経験することは、人生を深く味わうことにつながるのではないか。やはり複数の名前を持って過ごすのも一つのやり方だ。コロナ禍で兼業や副業を認める会社も増えてきて、別の名前を持つチャンスも広がっている。いくつかの自分がいれば、会社組織を離れても社会とつながりながら過ごせる可能性が広がる。

自分の「ほんとうの名前は何だろう?」とぜひとも一度お考えいただきたい。

＊ポイント3　偶然の出会い

新聞連載のきっかけ

２００６年の秋も深まった頃に、パソコンを操作していると「ご相談したいことがあります」という件名のメールが入っていた。送信者が女性の名前にも読めたので、いつもの迷惑メールかと思ったが、何か気になったので削除せずにクリックすると朝日新聞社の記者からだった。

朝日新聞be（毎週土曜日の別刷り）に掲載する新しいコラムとしてメンタルヘルスについて連載が可能かどうかという打診だった。休職してから復帰するまでを書いた拙著『ビジネスマン「うつ」からの脱出』（創元社）を記者が読んで興味を持ってくれたのだ。そこにはまだ個人ベースの企画にすぎないと書かれていた。

正直いってメンタルヘルスについて毎週一本の記事を書くのは自信がなかった。自分の体験は書けても専門的な知識や汎用性《はんようせい》のある見解は持ち合わせていなかったからだ。

ただ新聞での連載というチャンスは、簡単に巡ってこないことも承知していた。そもそも無名の私にそういう打診が来ること自体、誰かのいたずらではないかと思ったほどである。

残念だったが、メンタルヘルスについての連載は書けないことを正直に返信した。ただできないことを連絡するだけでは物足りないと思ったので、下段に今は会社員からいろいろな仕事に転身した人たちにインタビューしていることを付記した。

しばらくすると、先方から返信メールが来て、「転身の話で連載を検討してほしい」との依頼があった。いきなりだったので仰天した。あとで聞くと、私のメールの最後の部分を読んだデスク（上司）が、転身（キャリアチェンジ）の部分に反応したのだという。2007年3月からの連載が決まった。土曜版は、全国一律の内容なので発行部数も数百万部にものぼることを知った。この時には本当に偶然が重なって連載に至ったことがわかる。

迷惑メールと思って消去したらもうそこで話は終わっていた。インタビューをしていたことを参考に書いていなければ連載にはならなかった。その箇所をデスクが読まなかったら話はつながらなかった。さらにインタビューを始めたきっかけはたまたま元旦にある新聞記事を手に取ったことがきっかけだった。

また転身者の取材を重ねていた時期だったのもラッキーだった。自分の中で全体の座標軸ができ始めていたからだ。半年前にメールが来ていれば無理だっただろう。連載を始める時期が、修士論文の提出締め切りの2か月後からというのも絶妙のタイミングだった。初めての連載に向けての準備が可能であったからだ。むこうから幸運が勝手に舞い込んできた。

連載の正式な連絡をメールで受け取ったときには、四国一円を営業車でまわっていた時だったので、同乗していた同僚に気づかれないように心の中でバンザイしたことを覚えている。

実はこのコラムの連載は、その後私が大学の教員になる一番初めのきっかけでもあった。連載を読んでくれた大学教授が興味を持ってくれたからだ。また大学教員になるもう一つの契機である非常勤講師が決まったのも偶然なのである。会社帰りに阪急電車の一番前の車両までたまたま歩いていくと、高校時代の友人が同僚の大学教授と一緒にいた。「実務を背景にした非常勤講師を探す必要がある」と話し合っていた時に、私が車両に現れたのだそうだ。大学院で修士論文を書き終えたという話をすると、車内の15分で土曜日に講師を引き受けることが決まった。

偶然は人との出会い

一橋大学名誉教授の野中郁次郎氏は、2019年9月に日本経済新聞の「私の履歴書」で興味あることを書いている。経営学者の中には、多くの経営者と親交を結び、多彩な人脈を誇る人もいるが、自分はシャイな性格で、人前で話すのが苦手だ。ところが、じっくり話をしてきた人とは、長く付き合い、多くの刺激を受け、学者としての活動にもよい効果をもたらしているという。

そして彼は、「そんな相手とどうやって出会ったのか、と問われると自分にもよく分からない。自然体で過ごしていると、私に気を留め、世話を焼く人がどこからともなく現れ、ときに表舞台に引っ張り出す。学生の頃、社会人になったとき、さらには学者としての道を歩み始めたとき、節目節目で思わぬ人から声をかけられ、よい方向に導かれた」と語っている。

この文章に興味を持ったので2020年に東京の品川で行われた野中先生の講演会に参加した。彼は、暗黙知という言葉は経験や勘や直感に基づく知識のことで、実際には言語で表現することが難しいものと規定して説明を始めた。文章や図表、数式などによって説明・表現できる形式知とは異なっているという。そのうえで暗黙知を大切にして経営論を展開しており、経験的、実践的な知恵を重視している。自己の経営理論を柔和な表情で楽しく語る講演を聞きながら、私の頭の中では、「私の履歴書」の人との出会いについての文章が本物であることを確信した。

実は、私はサラリーマンから異なる分野に転身した人たち、例えば、職人、農業に従事、社会保険労務士で独立、市会議員、大道芸人などに転じた人の話を集中して聞いていた時期がある。その時に人との出会いが新たな道筋を拓いていると思える事例に何度も何度も接してきた。それも同じ会社の上司や同僚ではなくて、今の立場から離れている人たちとの偶然の出会いに導かれていることが少なくなかった。

一般には、偶然は個人の手の届かないものだとか、偶然か必然かの二者択一で論じられがちである。しかし彼らの話を聞いていると、限られた範囲であってもその人の心構えや姿勢が偶然を呼び込むのだと感じていた。野中先生の謦咳に接しながら改めてそのことを思い出した。

また私にも同様な状況が何度も現出している。先ほどの朝日新聞での連載が決まった話以外にも四つも五つも語れるネタがある。ブログを書き、インタビューを積み重ね、他者への発信の姿勢に転換したことが偶然を呼び込んだような気がするのである。

そう考えると、もともと偶然は人に絡む出来事、すなわち、人との出会いとも言えそうである。転身者のインタビューで、会社組織の中ではあまり語られない「○○さんとのご縁で」「思わぬ展開で」「たまたま××さんと出会って」などと発言する人が多いことに、私はとても興味を持っている。

野中名誉教授は、「自然体で過ごしていると」という表現をされているが、ご自身の学問を愛する姿勢が、人との意味ある出会いを生んでいるのだと私は確信したのである。

出会いの交差点

これまで述べたように、人との出会いには、その人の姿勢や心構えが関係している。自分が進むべき道筋が見えていない時に、多くの人は資格の取得など、能力アップで解決を図ろうとする。もちろんそれも無意味ではない。しかし人と出会ってヒントを得ることが一番大きなポイントになる。これは一般に言われている「人脈」という表現よりも、偶然に支配されるので「ご縁」といった方がフィットする。

私が数多くの講演会やセミナーに足を運ぶのは、知識を得たいためだけではなく人との出会いを求めているからである。会社の仕事を中心に生活が回っていた時には、人との出会いは限られた範囲にとどまっていた。ところが自分一人で主体的に動き出すといろいろな人との出会いに恵まれた。

このような出会いの交差点に立つには、どうすればいいのだろうか。私は今までの取材例や自己の体験を振り返ると、以下の4点くらいあるのではないかと考えている。

① 枠組みから一歩出る

何か一つのことにこだわりすぎると人との出会いを見逃すことになりがちである。主体的に取り組んでいる時はそれほど問題はないが、自分では充分納得していない時や誰かにやらされているという受け身の姿勢の場合は特にそうなる。例えば、営業数値を上げるために時間に追われて会社の仕事に没入しすぎると周りが見えなくなる。結果として近くを通り過ぎる人たちのことが目に入らない。私が初めて会社員を対象にしたセミナーを開催した時に、かつて信用金庫に勤めていた講師は平日の19時からのセミナーであれば、そんな時間に仕事は終わらないのでほとんどの行員は案内自体が目に入らないと話していた。サラリーマンの場合は、会社と距離を置くこと、会社組織の枠組みから一歩出ることが出会いを促進する。

② 発信の姿勢が大事

自分の持っている課題を外に向かってはっきりと表明しておくことだ。組織の中で長く働いている人はどうしても周囲の意見や雰囲気に影響されて自分自身の考え方を明確にしない。日常の会議でも自分自身の本音を隠すかのように発言している人もいる。心の底から自分がやりたいとか、大切だと思っていることは、一定の普遍性があるので、志の近い人との出会いを磁石のように結び付ける。特に上機嫌で発信している人の周りには人が集まってくる。先ほど紹介した野中先生は80歳を超えても自分の見解を楽しそうに語る姿が印象的だった。

③ 自分から先に与える

現在の一般的なビジネスでは等価交換を前提にしている。経済の主体が理性的に同じ価値のあるものを交換することが取引の基本だとする考え方である。しかし実際の人と人との出会いでは、自ら先に、または予想よりも質の良いもの、より多くのものを与えることが人との関係を紡いでいく。等価交換は、与える人と受け取る人との関係が切り離されている特殊な例である。「○○さんのおかげで」「○○さんに世話になって」「あの人には借りがある」といった気持ちが人と人とを結びつける。またお金や技術、エネルギーを放出する場所に人は集まってくる。そうであるならば、自らが先に何かを与えようとする姿勢が新たな人間関係を生み出しやすい。

④ 出会える場所に身を置く

一人だけで人と人との出会いの交差点に立つのは、なかなか大変で効率も良くない。やはり多くの人と出会える場所に身を置くことが基本である。社会保険労務士の資格を取得した会社員が社労士仲間との交流を深めることによって発信を始めて独立した例もある。関心があるセミナーに出席する、または興味ある事柄に関する研究会を自ら立ち上げるなどの活動を通して出会いを広げているケースもある。特に近い課題意識を持った人の集まりから出会いが積み重なっていくことが多い。

＊ポイント4　地元を愛する

新開地で始まり新開地で終わる

経営コンサルタントの大前研一氏は人間が変わる方法は三つしかないという。一つは時間配分を変える、二番目は住む場所を変える、三番目は付き合う人を変えるである。たしかに日常生活の時間配分を変えて、それを習慣化しなければ絵にかいたモチになる。いくら頭で考えていても無理なのだ。また住む場所を変えることはもっとも即効性のある方法だ。私自身も学生の時に下宿を始めるとか、転勤などが自分を変えるきっかけになった。また人との偶然の出会いのことを先述したが、やはり付き合う人を変えることが日常的な変化を呼び込む。

これらは自らの行動の大切さを示している。何かを決心する、思い立つ、感動するだけでは何も変わらない。大前氏はそれをシンプルな表現で指摘している。同感である。

ただ自分自身を変えるほどのことではないのだが、中高年以降になれば故郷や愛着のある地域を愛することも大切ではないかと考えている。ここ数年、私は生まれ育った地域を歩いて、小学校時代の友人と馬鹿話をしたり、子どもの頃に流行った音楽を聴く、当時の映画を観る、小さい頃の好物を食べ歩いたりといった具合だ。時にはその場所にちなんだ歴史やその場所を通り過ぎた人たちの来歴を調べている。

そこに何か意味があるかと問われれば自分が変わるような大きな変化はない。しかしとても気持ちがよく気分も落ち着く。もちろんこれは人によっても異なるだろう。生まれた故郷について何も感じない人もいるし、むしろ戻りたくない人もいるだろう。私の場合は、愛着を感じているタイプだ。

『定年後』（中公新書）が多くの人に手にとってもらったのをきっかけに、NHKテレビの「かんさい熱視線」というドキュメンタリー番組に出演したことがある。初めてロケバスというものに乗っていくつかの場所で撮影があった。その時に私が生まれ育った新開地の本通りを歩きながら、「昔好きだったことや子どもの頃に熱中したことをやってみるのも一つの拠り所になる」と発言した。実はそのあとで「あっちの世界からこの新開地界隈に生まれてきたので、あっちの世界に行くにはここから行くことしか考えられない」と発言した。残念ながらオンエアではその発言はカットされていた。でも本当に言いたかったのはこの部分なのだ。生まれ育った地元で死にたいというのが私の正直な気持ちである。

祖父母や父母、学校の先生、近所のおじさん、おばさん、子どもの頃の友達が生きていた過去に戻ることは、彼らを偲ぶとともに、自分の今後の足場をきちんと固めるためのベースになるような気がするのである。たとえば映画「ＡＬＷＡＹＳ 三丁目の夕日」が予想を上回る大ヒットになった背景には、そういう故郷や過去の愛着のある場所を呼び戻す記憶再生装置だったからであろう。

生まれ育った場所と向き合っている自分は、誰とも比較を許さない唯一無二の存在である。そこには抽象的な自分は存在しない。それがどこかで未来の自分とつながっているので定年後を乗り切る意欲もわいてくるように思うのだ。

地元を知る

私が生まれ育った神戸新開地界隈は、兵庫県神戸市兵庫区南部の地名である。1905(明治38)年に、旧湊川を埋め立てた跡地に自然発生的に生まれた土地で、戦前から戦後にかけて映画館や飲食店を中心とした神戸一の繁華街・歓楽街で、すぐ近くには色街の福原もある。当時の繁栄ぶりは「東の浅草、西の新開地」と謳われるほどであった。地元出身の映画解説者の淀川長治は、新開地を「神戸文化の噴水」と称している。その後は、神戸の繁華街の中心が三宮に移ったが、現在でも神戸市内の主要な商業地の一つである。

また浜側には川崎重工、三菱重工などの企業が展開している。戦前に急成長して三井物産を売り上げで凌駕《りょうが》した鈴木商店の本社もこの地域にあった。鈴木商店からは神戸製鋼、帝人、サッポロビールなどのその流れをくむ多くの会社が産まれている。城山三郎氏の『鼠』はこの地で起こったコメ騒動による鈴木商店焼き討ち事件を取り上げている。

私の子どもの頃はそれこそ高度成長期の真っただ中で、造船などの産業も活況だった。飲食店や映画館が立ち並ぶ新開地の本通りを浜側から多くの人が上がってくるさまを覚えている。

実家の薬局は本通りから三本ほど東の通りで、当時は酒屋や鮨屋、喫茶店、八百屋、貸本屋などの小さい商店が立ち並んだ場所で、周囲には商売人、職人、アウトローの人たちが多くてサラリーマンや公務員はいなかった。

毎日、朝10時から夜の12時ごろまで年中無休で開店していた。それくらい街を歩く人がいたということだ。家の前の2軒並んだ酒屋も夜遅くまで配達などで若い人が働いていた。当時は活気のある歓楽街であり下町でもあった。

最近、社会経済学者で放送大学教授の松原隆一郎《まつばらりゅういちろう》氏が、『頼介伝―無名の起業家が生きたもうひとつの日本近現代史』（苦楽堂）（2018）を著している。自分の祖父の伝記であるとともに「神戸とは何か、自分はどこから来たのか」を考える旅に出た力作である。

その中で彼の祖父が起業した場所がこの新開地近くだったので詳細に調べている。当時の活気あふれる様子とともに、彼の祖父の頼介が東出町にいた時には、西出町の山口春吉（1881〜1938）、同じ西出町の東山魁夷（1908〜1999）、東出町の中内㓛（1

922～2005)、東川崎町の横溝正史(1902～1981)など、後に日本最大となる暴力団の創始者、唐招提寺御影堂障壁画等を制作した日本画家の巨匠、『八つ墓村』などの作品を書いた昭和を代表する大ミステリー作家、ダイエーの創始者である流通革命家がこの狭いエリアにひしめいていた。そして彼らは一様にこの町の空気を吸って育ち、この町を後にした。ちなみに映画評論家の淀川長治(1909～1998)もすぐ近くで同時代を過ごしている。

蛇足の話であるが、中内㓛の実家は薬局で横溝正史も大阪薬学専門学校卒業で薬剤師の資格を持っていた。中内㓛と同年齢だった私の父親は「新開地の薬局のおっさんはみな出世するのに例外もあるなぁ」とからかわれていたことを思い出す。

『頼介伝』では、現在の川崎重工のある工場のひしめいた地域を取り上げているが、そのすぐ北側には芝居小屋や映画館、飲食店などが立ち並ぶ歓楽街がある。西の帝劇と称された聚楽館や神戸松竹座もあった。こちらが新開地の中心だ。藤山寛美が子役時代にいたとか、夢路いとし・喜味こいし師匠が新開地の芝居小屋を懐かしそうに語っていたことも思い出す。明石家さんまの師匠である笑福亭松之助は子どもの頃に私の実家から歩いて1分のところに住んでいて小学校の先輩である。中学校の先輩には横山ノック、後輩には桂あやめなど芸人も多く、水木しげるも新開地近くの水木通に一時期いた。彼のペンネームはそこから来ている。地元を掘れば掘るほどいくらでも出てきそうだ。

地元を歩く

私の取材でも故郷に強い思い入れを持っている定年退職者は少なくない。定年後に都会の家を手放して故郷に戻る人もいる。もちろん盆と正月に帰省していたので現役の時からつながっているのだが、引退すると地元に回帰する願望が強くなるようだ。生まれ育った土地は定年後の居場所として十分ありうる。

私は昔から関西に愛着があった。大阪本社の生命保険会社を就職先にしたのもそうである。新入社員の配属で意に反して名古屋勤務になり、翌年に神戸市役所の採用願書を取り寄せたこともあった（応募はしなかったが）。

私が40歳の時に遭遇した阪神・淡路大震災の時には会社を退職して神戸に住もうと考えたこともあった。会社を休職した時には、かつての商店街のオモロイおっちゃんたちが記憶に現れて助けられた。そういう意味では、いつも神戸新開地に戻りたい気持ちがあった。私は地元に愛着が強いタイプなのだろう。

定年退職してからは地元を歩くことが多くなった。懐かしさはもちろんだが、なぜか嬉しくなる。これは私だけかと思って小学校の同窓会で話してみると、月に1回くらい新開地に来て落語会を堪能してむかし通っていたレストランを巡っているという友人もいた。

実際に街を歩き、気になったことを人に聞き、書籍を読んでみるとあらためて地元のこともわかってくる。先ほどの『頼介伝』にも言葉の使い方から神戸の東部と西部の違いについて記載された箇所がある。私が高校に入学した時にもそれを感じていた。高校の校区の一番西だった兵庫区と、東の芦屋市、東灘区とは全く違った文化背景を持っていると実感したのだ。高校に入学した時に東部に住んでいる友人がクラシックを聴き、バイオリンを習っている人がいて驚いた記憶がある。当時「(西の)俺たちは、『ダボ、しばいたろか』しか分からん」などと言って周囲の笑いをとっていた。

ちなみに高校の先輩である村上春樹氏は東部の人で、彼の小説を読んでいると、当時の彼らが醸し出していた雰囲気を感じる箇所がある。地域の風土とか、歴史はやはり大きく人を規定している。

このように自分で歩き、体験に照らし合わせながら地域やそこに住む人のことを考えるのも興味深い。東京を頂点とした一律の尺度を基準にしては何も見えてこない。

また地元を歩き人の話を聞いていると、第一部のＰ１７４に書いた『奇蹟の画家』との出会いが生まれることもある。絵画や彫刻などは今まで全く関心がなかったが、自分なりの見方をすればよいのだということに気づいて、最近は、美術館や画廊に立ち寄ることもある。意外な副産物も生まれるのである。

＊ポイント5　過去の自分と語る

「生い立ちしか考えられない」

映画「パッチ・アダムス」（１９９８）では、名優ロビン・ウィリアムズ演じるパッチは、ピエロの姿になって病院で長期に過ごす子どもたちのために笑いを提供する医学生だ。またパッチはおじいちゃんおばあちゃんの夢も叶えてあげる。

パッチが病院でふさぎこむ老婦人に夢は何かと聞くと、少女時代に母親との思い出を語りながらスパゲティが入ったプールで泳ぐことを夢見ていたと答えた。しばらくしてパッチは中庭にスパゲティの麺がたくさん入ったプールを実際に作って老婦人と一緒に泳ぐ。

彼女の生き生きとした顔は、笑いや喜びのはかり知れないパワーに気づかせてくれる。同僚の医学生は、パッチは高度な医療技術をもってしてもできないことを可能にすると悔しそうに語る。また小さい頃からアフリカでの狩猟旅行（サファリ）をしたい老人にゴムのピストルを渡して、風船で作った動物を銃で仕留める狩りを実現させる。

転身した人たちにインタビューしていた時に子どもの頃の自分を呼び戻して新たな世界に進む人が少なくないことに気づいた。テレビで見た豊かな海外への憧れ、農作業での収穫の喜び、自転車で空を飛ぶ夢、職人の手さばきに感動、バービー人形に没頭、浪曲・お笑い好き、乗り物好き、映画好きなどなど、子どもの頃に戻ること自体がパワーを持っている。

80代になって認知症が出てきた頃に、私の母はヘルパーにベッドから抱きかかえられて移動するとき「おかあさん」とつぶやいた。息子の名前を呼ぶのではなかった。また母が小さい頃に住んでいた地域に連れていくと、とても喜んだ。記憶に残っていた神社が見つかるとこの上もない笑顔だった。やはり子どもの頃の力は大きい。

私が会社を休職して平社員として働いていた時に、同期入社の友人は「長年付きあってきたお前が平社員になった理由がわからない。入社前の生い立ちとしか考えられない」と言った。たしかにそれは当たっているかもしれないなと思ったことを覚えている。

歓楽街のあけっ広げの自由なムード、神戸松竹座で見る芸人さんの何ものにも束縛《そくばく》されない発言、建前はなく本音で勝負のシャワーをずっと浴びてきた人間は、大企業の管理機構では生きていけず行き詰まった。その後、著述業を何とか続けていることができているのもこのシャワーを浴びたからだと自分では思っている。会社の仕事を投げ出したのも、何とかひとりでモノを書いているのもその理由は同じなのだ。

そういう意味では、子どもの頃や過去の自分と出会う場を持っていることは大切だ。たとえば私の場合は、何度か述べているように70年代のヒット曲を聞くことによって過去の自分と出会うことができる。

これは私の例で、人によっては昔見た映画やテレビ番組でも同様なことが経験できるかもしれない。定年後に幼馴染《おさななじみ》とバンドを組んで再び音楽活動を始めた人もいれば、上京するたびに西日暮里の駄菓子問屋に自然と足が向いてしまうといっていた人もいる。

また自分の家族の歴史を調べている定年退職者もいる。NHKテレビの「ファミリーヒストリー」に影響を受けているのかもしれない。手元の写真や戸籍簿、過去帳レベルからコツコツと祖父母や両親、昔の自分のことを掘り起こすのだそうだ。ある人は幕末の歴史書を参照することもあるという。調べることが海外まで広がる人もいれば、祖父は明治時代に北海道の警備と開拓にあたった屯田兵だったという人もいた。

昔の自分と出会う旅

これまでは個人で若い頃の自分と出会うことについて述べたが、仲間と一緒に行動しながら過去の自分に出会うという方策もある。これは先述した地域を歩くということに近い。参考にいくつかの例を紹介しておきたい。

以前、「下町レトロに首っ丈の会」の遠足ツアーに参加したことがある。神戸の下町グルメや懐かしのお店や建物を訪問しつつ子どもの頃の自分と出会う旅である。

私が参加したときは、総勢10人程度で生まれ育った新開地近くの兵庫区と須磨区を廻り、朝の10時から歩き始め15時に解散となった。

まずは古い市場にある名物の串ホルモンをほおばる。当時は子どもでも串カツや串焼きを食べていた。昭和レトロの趣のある喫茶店にてお茶をしながら自己紹介タイム。それからビリケンさんが祭られている稲荷神社を見学し、三代続く駄菓子屋さんでお買い物ゲーム。小さい頃の記憶にある駄菓子が今も残っていることに驚く。その後、新開地へと移動して場外の競艇場で実際に舟券を購入。それからバスで移動してお昼ごはんを一緒に食べて、最後に地域のすてきなギャラリーを見学してツアーをしめるというすばらしいコースだった。二人の女性がゆったりと案内してくれて一緒に回った人と楽しい時間を共有できた。

また小学6年生の時の同級生と校区を歩いて廻ったこともある。各自の思い出を互いにやり取りしながら巡るのは格別だ。自らいろいろなエピソードを語りだす。「この場所に私が住んでいたアパートがあった」と感慨深げに立ちすくんだ女性もいた。一緒に歩きまわると、エネルギーをもらえるというか、元気になっていく自分を確認できた。

その後は居酒屋で互いに語り合っていると、誰もが変わっていないことを確認できた。人は自分では成長して変化していると思っていても、実はあまり変わっていない。小学生当時の先生に対する批評も驚くほど共通している。商売をしていた家が多くて何事もオープンだったからだろう。互いに親や兄弟もよく知っていた。最近はコロナ禍で友人との会合や同窓会が軒並み中止になっている。しかし小学校の校門に集合して当時の校区を一緒に歩くくらいはできそうだ。

NHKテレビの「あしたも晴れ!人生レシピ」という番組で、コロナ禍の影響で遠方への旅行が難しくなって地元観光をしている人たちを取り上げていた。東京神田にある神社や古い饅頭屋、おしゃれなカフェなどのスポットを地元に住んでいる7人のグループで歩き回る。神田の街に詳しい女性が案内して、紅葉の穴場を紹介する、文豪のお気に入りの店を訪ねる、2・26事件のような歴史の舞台になった場所をたどってみるというのだ。「江戸時代はこの道は小さな川だった」などと紹介しながら街並みの説明もしていた。

彼女は、神田神保町に中華料理店が多いことに疑問をもって調べていくうちに、中国の元首相だった周恩来が留学中によく通った中華料理店を知り、その店のオーナーに当時の話を聞いていた。

現在において新たな自分を発見するためには、未来の自分を考えるだけではなく過去の自分に手助けを求めることがポイントだ。その時に仲間がいると自分の関心もさらに広がってくる。

団地で育った芸人

人気バラエティ番組「アメトーーク！」（テレビ朝日系）の「団地で育った芸人」という番組（2020年7月）を視聴した。

団地で育ったお笑い芸人たちが集まって団地での思い出を語り合う。「NON STYLE」の石田明、「アジアン」の馬場園梓《ばばぞのあずさ》、「霜降り明星」のせいやなどが、団地でのあるある話や、団地に住んでいた小さい頃の出来事を語り合う。

「調味料の貸し借りは当たり前で家庭の事情はみんな把握」、「団地では友達の家族は親戚と同じ」、「鍵を忘れたと言えばお隣の家のベランダから家に入れる」、「団地内の人はウェルカムだが、部外者、セールスにはめちゃくちゃ冷たい！」、「ヤンキーは団地内ではちゃんと挨拶をする。団地の敷地を出てからヤンキーになるのだ」、また団地に住むオモシロイおじさんの具体的な話がいくつも紹介された。次から次へと発言が続きおおいに盛り上がった。

この番組を観ていて、子どもの頃の記憶を語る大切さをあらためて感じた。その頃の思い出は各人の中で大きな比重を持っている。

それと同時に、番組の中では、高齢者についての話はほとんどなかった。老人はもはや翁《おきな》にはなれないことも実感した。翁は、年配の男性に対して親しみや敬う気持ちのある言葉だろう。能の翁の面は、普通の老人ではなく長寿と幸福を象徴する神という位置づけもある。現代ではそういった寛容で気高い面影は望むべくもなさそうだ。長老という立場もそれに近いかもしれない。映画「七人の侍」に登場するような村の長というか長老はもう存在しえないだろう。

母親の介護で老人病院に通っていた時にも翁や長老の面影をもつ人を見ることはなかった。むしろ十分に話すこともできずに虚空を眺めている人が多かった、正直に言うとそこに長くいると重い気持ちになったことを思い出す。

核家族になって世の中の変化も激しい。人の価値を機能だけで測る社会、輪廻転生《りんねてんしょう》を信じることができない現代では、老人となる自分を社会に位置付けるのは簡単ではない。先ほどの団地育ちの話も世代が変われば意味を失うかもしれない。

長くなった寿命に対応するには、自分一人だけではなく、ともに暮らしてきた家族、地域の仲間や学生時代の友人と協力することが必要だ。しかし核家族になり、地域の人間関係も薄れているなかで老後の孤立を乗り切るには、若い頃の自分とも肩を組みながら進むことが大切だろう。老人になってから自分を支えてくれるのは子ども時代や若い時の自分だといえるかもしれない。そういう意味では、若い時にはお金を使って経験を買っておくことも必要だろう。

定年後は、何をやってもよく、何をやらなくてもいい。自らの個性にあった働き方、生き方をすることが大切だ。ただその時に自分は何を為すことができるかという観点だけではなく、気持ち良く過ごせるかがポイントだ。その一つの手立てとして昔の自分を呼び戻すこともあるのではないか。

子どもと老人とは一見すると対極の位置づけにあって遠い存在だと思えるが、あっちの世界に近いという意味では近しい存在だということも言えるのだ。

＊ポイント6　貯金は使い切る?

コロナ禍の家計への影響

朝日新聞Reライフプロジェクトではコロナ時代の家計に関する調査を行っている。この調査は、2020年8～9月にwebサイトで実施。有効回答は199人（男性55%、女性45%）。年代別では49歳以下15%、50代37%、60代31%、70代16%、80代以上2%である。定年前後の世代が中心だ。世帯の主な収入を尋ねると、「給料」が59%、「年金」が34%、「自営による収入」が4%、「貯蓄の取り崩し」3%になっている。

コロナ流行前と比べた家計の変化は、「特に変化はない」と答えた人が60％を占めた。一方で「かなりゆとりがなくなった」（18％）と「ややゆとりがなくなった」（18％）を合わせると36％の世帯の家計が悪化。「ややゆとりができた」（4％）や「かなりゆとりができた」（1％）を大きく上回った。

私の周囲でも収入が年金中心の人や安定した会社の社員はコロナ禍の影響は少ないが、企業研修の仕事を受けていたフリーランスは、ほぼすべての仕事が一旦蒸発して家計を直撃している。また65歳になって東京で再就職を予定していた知人は、コロナ禍で採用がストップして結局実家のある地方に戻った人もいる。この調査でも東京の男性（61）は「職場が飲食店なので大きなダメージを受けた」、東京の女性（62）も「仕事がなくなった」、千葉の男性（57）は「残業が少なくなった」などという声が紹介されている。私が取材で話を聞いた範囲でも現在は大丈夫でも将来の雇用や今後の年収の減少に不安を抱いている人もいる。

支出については、外出自粛で光熱費や食費がアップして、マスクやアルコールなどのコロナ出費が増えたという声がある一方で、旅行や外食の機会が減り、夫の飲み会がなくなったことにより支出が減った家計もあるようだ。

中高年の財産状況は人によって大きく異なる。収入額、退職金の額、年金額、家計の支出額も同様である。そのため一般論や他人の状況を見て不安になっても仕方がない。またどれだけ貯めたら安心感が出るのかと頭で考えているだけでは不安も募る。

第一部で紹介した「財産増減一括表」などを参考に、まずは自分の足元の家計財産を把握・管理することだ。貯蓄額を少しくらい増やしても安心にはつながらない。逆に自らの財産の内容をきちんと把握すれば講じる手立ても見えてくる。

この調査では家計管理の方法を複数回答で尋ねているが、「家計簿」が38%で最も多く、「通帳」(31%)と「家計管理をしていない」(31%)が続いた。「レシート」は21%、とある。やはり自分の家計管理を十分に行っていない人は一定程度いる。そしてそういう人ほどお金に対する漠然とした不安を抱えているというのが私が取材した実感である。

お金に対する質問

8年前から、定年前後の人たちに話を聞き始めた。会社一筋で働いて定年退職した後、自分の楽しみのために貯めたお金を使えていない人が結構いたことに驚いた。老後に備えてお金の貯め方や増やし方ばかりに注目し過ぎているように感じている。

また「お金」と「定年後の過ごし方」を分けて考えている人はあまり楽しそうに見えない。もちろんお金は大事なことは言うまでもなく、定年後の生きがいを支える大切な手段である。しかしお金で定年後の居場所が買えるわけではない。

ここでは定年後のお金について読者から受けた質問にポイントを絞って簡単に述べてみたい。

① 貯蓄は少ないが大丈夫か？

第一部のP126の「資産寿命を延ばす」でも述べたように、働けるうちは働けば、その分老後自体を短くすることができる。また支出で言えば、それほどお金を使わずに楽しんでいる人も少なくない。朝のラジオ体操、スマホで航空機の離発着の写真を撮る、図書館やブックオフを利用した読書、子ども食堂や子どもへの絵本の読み聞かせなどのボランティアに取り組む、高齢者や障害者の車での移動を手助けするアッシー君になって充実感を見つけている人もいる。何か少しでも興味があればとにかく取り組んでみる。やってみて面白くなければ、やめればよいだけだ。取材では人とのつながりがお金に代わる価値を持っている事例によく遭遇した。

② 仕事を続けるか、年金生活に入るか

私は60歳で定年した直後の2年間余は無職で過ごした。その時に働くことは健康にも良く、精神的にも好影響を与えることを実感した。現役の時は、働くか趣味で過ごすかなど二者択一で考えがちになるが、定年後は時間があるので、仕事をしながら趣味の時間を持ち、ボランティアをするなど、二つ三つのことを並行して取り組むことも可能だ。仕事も趣味もと考えた方が健康的である。パートで働きながら大学院で自分の関心のあることを研究している人もいる。

③ 夫婦で家計にどう対応するか

家計管理について夫婦の役割や考え方は本当に多様だ。共働きの夫婦に話を聞いたところ、ともに公務員の夫婦では家計について互いのコミュニケーションはなく、収入も財布も二つの家庭もあれば、若い夫婦は使ったお金のレシートを月末に出し合って折半していたケースもあった。

定年になった機会などに、どんなお金の管理や使い方をするかを夫婦で話し合うことは必要だろう。今後の介護費用が気になるのであれば、介護施設に一緒に見学に行くといい。コミュニケーションを深める機会になるだろう。

④　やりたいことはあるがお金が心配

お金がかかるからといって、好きなことや、やりたいことを簡単にあきらめないことだ。頭で考えているとむつかしく思えても実際にやりだすと何とかなることが多い。定年後は現役の時よりも時間的な余裕があるので、やっていくうちに知恵が出てくることもある。また自分が本当にやりたいことをやっていれば仲間が向こうからやってくる。また助けてくれることもある。

結局、定年後の人生を充実させて、うまくお金を使うために大切なことは、自らの主体性（好奇心）と行動である。身の丈に応じた起業、組織で働く、趣味、地域活動・ボランティア、学び直しなど何でもよい。自分に合ったものに取り組むのはそれほどお金はかからないというのが取材で得た実感である。逆にお金があるからといって自分の楽しみを見つけやすいかというとそれほど相関関係はないのである。

貯金ゼロで死ぬ

お金に対する中高年の考え方は多様である。どちらかと言えば、老後のお金の心配をしている人が多い。またそういう不安をあおって商売にしている会社や個人もある。一方で「貯めたお金は、子どもたちには残さずにすべて使い切る」と断言している定年退職者もいる。

その中には「子孫に美田を残さず」といったことわざを紋切り型に話す人もいれば、自己の体験から身に染みて語る人もいる。全国各地への転勤が多かった会社員は、実家の父母の面倒はすべて一緒に住む長男である兄に頼っていた。そして父母が亡くなる前に実家の不動産や貯金のほとんどすべてが長男に贈与されていた。それを知ってから各々の配偶者も巻き込んで三人の兄弟が大変なバトルになった。揉めている時は気の休まることがなかったそうだ。結果的には彼の相続放棄に近い形で決着したという。

彼はこれに懲りて子どもたちには一切財産を残さないことを宣言して、貯めた資産は使い切ると決めている。もし余れば、しかるべき団体に寄付をするつもりだと本気で言っていた。この話を聴いていて、実際に可能かどうかは別として死んだときに財産をゼロにする生き方も検討してもよいのではないかと思った。

この数年間、定年退職前後の人を中心に取材を続けてきたが、一定額の退職金や年金を受け取っているにもかかわらず、自分の楽しみのためにお金を使っていると思えない人が多かった。もちろん老後の生活費や介護費用などを勘案して貯蓄を減らしたくないのは当然だろう。また子どもや孫の世代に財産を残したい気持ちも理解できる。しかし苦労して貯めたお金を使わないまま死んでしまうリスクもあるのではないかと何度か感じたのである。

家計財産の管理や運用の相談に乗っている専門家に、この疑問をぶつけてみると、「会社の仕事一筋で働いていた男性はうまくお金を使えません」とこともなげに答えてくれた。使い道が特にないので投資運用に向かう人が多いそうだ。

そもそものお金の機能を考えてみると、①さまざまなものと交換できる、②さまざまな人の間で誰でも使うことができる、③使いたい時まで貯めておくことができる　の三つである。本来は交換価値が本質なのであろうが、貯める機能が重視されすぎているのかもしれない。また年をとればとるほど、お金を使える範囲は狭くなっていく。自由に外に出かける機会も減るからである。楽しみのためにお金を使えるのは75歳くらいまでだろう。それ以降はお金を使わなくなるし使えなくなる。逆に言えば、お金の価値は年齢を経るに従って下がっていく。

そういう意味では、未来の年老いた自分のために必要以上にお金を貯めることや、お金を使うタイミングを逸することについても留意しておくべきだ。若い時はお金を経験に替えることが大切なので行き過ぎた貯蓄をしないようにしなければならない。

人生の目的は、自身の持つ財産を最大化することではなく、自身の充実感や楽しみを最大化することであるとすれば、生きているうちにお金を使いきることは一つの選択肢になる。もちろん子どもや孫に残すことを考えなくても良いということではない。残したいと思うなら自分が生きているうちに計画的に渡していけばよい。その方が活きたお金になる。高齢化が進んでいるので、60代後半以降に相続財産が入っても有効に使えない人が多いだろう。

要は、お金の貯め方や増やし方だけではなく、使い方にもポイントを置くべきである。自分の本当に好きなことや新たな経験に対してお金を投じるべきだ。また人間関係を深めるためや若い人を応援するためにお金を使ってもいいだろう。同じ金額でも若い人にとってはより大きな価値がある。お金の問題と定年後の過ごし方を分離して考えてはいけない。

＊ポイント7　死んで生まれ変わる

定年退職日に生前葬？

第一部のP45の「終活フェアでの講演」で書いたように、ほんとうは誰もが残りの人生を前向きに楽しく暮らしたいと考えている。

そういう意味では、終活のいろいろな準備よりも予行演習として実際に生前葬をやってみるのがいいかもしれない。これからの働き方や生き方につながると思うからだ。私は定年退職した日の夕刻にホテルの小さな宴会場で生前葬を実施することを思いついた。かつて日比谷の映画館で観た秋元康監督の映画「川の流れのように」（森光子主演、2000年公開）で、主人公が亡くなる前に8ミリビデオで幼馴染に語りかける場面に感動したからだ。この生前葬のアイデアを話すと、同じ職場の女性たちは面白いといって、当日は手伝いに行くとの申し出もあった。

当時、葬儀社に聞いてみると、生前葬というジャンルは用意されてはいたが実績はほとんどないという反応だった。実際に実施するとすれば、大阪駅前にあるシティホテルの小さな宴会場を使うことになるだろうと思って問い合わせしたことがある。

生前葬プランというものはないが、同窓会プランなどを参考に立食形式にすれば飲食だけだとひとり1万円程度だった。50人を招待するのであれば、多少いろいろな企画に費用がかかっても退職金で充分カバーできると目算を付けた。

検討してみるといろいろなことが気になり始めた。誰を参列者として招待するか、当日の服装は白装束か、またはタキシードか、棺桶の中に自分も入るのか、遺影の写真はどこで撮るか、僧侶を呼ぶかどうか、会場で流す音楽をどうするか、弔辞をだれに読んでもらうか、棺桶から飛び出すことは必要か、そのときのスピーチをどうするか、などなど。結婚式に比べると、いろいろな段取りが必要だ。

会社員としての自分は一旦死んで、定年後に新たな自分が生まれるという儀式にしようと考えたのである。そこから新たな第二の人生につなげていく算段だった。もちろん会社生活でお世話になった人を招待して直接会ってお礼が言いたいこともあった。

しかし現実には退職の直前は、今までの仕事がデジタル化されることになって忙しくなるとともに、年明けから送別会が重なって生前葬の準備どころではなくなった。胃腸には自信があった私がおなかを壊したのは10年以上ぶりだった。

結局は、定年退職日の最後のあいさつで、景品付きのクイズを実施して仕事仲間に喜んでもらうことにした。これだけでも同僚には随分驚かれた。

今からでも生前葬の検討は悪くはないと考えている。ただ昨今はコロナ禍の関係で、ホテルでは立食形式のパーティーは引き受けないところもある。そういう意味では、普段の生活で人と会うときに一生涯にただ一度出会う機会かもしれないという一期一会の気持ちで接することだ。やはり日常の生活を大切にすることがポイントである。

「願はくは花のしたにて春死なむ」

20年ほど前に大阪市内で宗教学者の山折哲雄氏の講演会が開催された。会の終わりに主催者が山折氏と語らう機会をつくってくれた。多数の出席者がいたが集まったのは私を含めてほんの数人だった。居酒屋で山折氏の含蓄のある話を目の前でうかがう機会に恵まれた。

美味しくお酒を飲みながら、山折氏は自身が唱えている西行断食往生説を語った。西行法師は北面の武士として鳥羽上皇に仕えて将来を嘱望されていたが、23歳で出家し、その後の50年を仏教修行と和歌の道に励んだ。そして桜が咲くころに73歳で亡くなった。その事実は、都の貴族たちを驚愕させたという。それに先立つ何年も前に詠んだ和歌の内容のとおりに亡くなったからだ。

「願はくは花のしたにて春死なむそのきさらぎの望月のころ」（旧暦2月のお釈迦さんが入滅した満月の日に満開の桜の花の下で死にたい）。なぜ、図ったように西行法師は往生をとげることができたのか。

山折氏は、修行僧は寿命を悟ると食を次第に細らせ、穏やかな最期を迎えることができたという。西行法師も自分の体と対話しながら死期を悟ると自ら断食をして自然死のごとく宗教的な自殺を行ったのではないかと評価していた。

当時、私の父親は入退院を繰り返した後に、点滴の管をつけたまま70代後半に病院で亡くなった。息子の私の目から見ると、死の直前には自ら生きる意欲を失っていたように思えた。それに比べると、最期まで自身の主体性を失わず、なんと尊厳のある死に方だと感じ入ったのである。まさに生涯現役だといっていいだろう。

彼と比べるなんて恐れ多くてできないが、私は「孤独のランチ」と称して死ぬ前の1か月間に食べる昼食をランキングしている。最期の昼食リストを作成しているのである。

1位は地元神戸の春陽軒という店の豚まんである。家族には何か緊急の病で病院に搬送するときには春陽軒に立ち寄ってからにしてくれと冗談で言っている。このベスト30のリストには、高額な料理はほとんどなく、この豚まんのように小さい頃や青春の思い出と結びついている料理が多い。大学受験に不合格になった帰り道に食べた吉野家の牛丼だったり、学生時代バイトをしていた王将の餃子だったりするのだ。

このランキングは定期的に入れ替えをしている。毎日の一回一回の昼食もないがしろにしたくないからだ。60代半ばの私は昼食を選んで美味しく食べることができる機会はあと3000回くらいしかないのである。またこれを実現するためには死ぬまで元気で生き抜かなければならない。最期の1か月は人生の総括になる昼食にするつもりだ。西行法師のように死から逆算して生きることは大きな意味がありそうだ。

スターティングノート

私の知人は、そろそろ終活の準備をしようかと、図書館で数冊の本を借りてきたそうだ。遺言書をどう書くか、葬式をどのようにするか、遺骨を納める墓をどうするか、戒名を決めておくのかなどなど多くの検討点がある。それらを書き込むエンディングノートなるものもあるそうだ。彼は今から準備をするのには違和感があるという。私と同年代だからまだまだ生きる方に比重があるので当然だろう。

家族にいちいち指示しなくても最低限のことだけ対応して、葬儀や墓や戒名をどうするかは残された人たちに任せておけばいいのではないか。あとは老後を気楽に楽しく過ごすことに注力するべきだ。また妻や子どもに伝えたいことがあれば、エンディングノートに書き込むよりもすぐにでも口に出して感謝の気持ちを伝えるべきだ。

第二部の初めに哲学者の古東哲明が語ったように、いずれは誰もが迎えに来たバスに乗ってあちらの世界に行く決まりになっている。輪廻転生を信じるかどうかは別として、死が近づくのは次の世界に行くためのスタートだと言えそうだ。閻魔大王から「地獄や極楽に行く前にどのようなプランをお持ちですか？」との問いかけがあるかもしれない。そうであるならば、今過ごしているこの世界では、終わりではなくこれからが始まりだと考えても良いのではないか。

父母の介護の時に、老人ホームでの幼稚園のようなレクリエーションや、みんなで一緒に祝う七夕祭りなどには何か違和感が残った。運営をしていくためには仕方がないのだろうが、入居者の一人一人はもっと自分なりにやりたいことがあるだろうと思っていた。

老人ホームで介護に携わっている人が、全体の催しのほかに一人ずつに好きなこと、やりたいことを聞きまわったという体験談を読んだことがある。「パチンコに行きたい」、「老舗の店でウナギが食べたい」などの希望にできるだけ応えようとする。海水浴に行って入居者を抱きかかえて海に入ったこともあるという。個別の希望を叶えようとやってみると職員も意欲的になって、寝たきりのおじいさんが起きたとか、笑顔になったとかということがあったそうだ。

私の知人の女性はガンで余命が宣告されていたが、「弘前の満開の桜を見たい」と言ったので、周囲の人が協力して車椅子で現地に行って願いを実現した。彼女は何とも言えない笑顔だったそうだ。

「死ぬまでにやりたいことリスト」を作成してはどうだろう。スターティングノートと呼んでいいだろう。「のど自慢に挑戦したい」「ピアノを弾けるようになりたい」「吉本新喜劇を生で見たい」「ワインのソムリエになりたい」「地元の歴史を掘り下げたい」(私)、何でも良いと思うのだ。

奥村チヨが歌った名曲「終着駅」では、落葉の舞い散る停車場には、毎日毎日過去から逃げてきた人たちが降りてくるという。しかし生きている限りは翌日には、始発駅になる。

終活の準備の前に、「死ぬまでにやりたいことリスト」を書くことがもっと世の中に広まってくれたならと願っている。スターティングノートの項目を実現するのを手助けする会社や個人が出てくれれば充分商売になるのではないかと考えている。

＊ポイント8　「How many いい顔」

「いい顔」に導かれる

２０２１年1月に、主に中小企業の経営者を対象としている勉強会でお話をさせていただいた。普段は経営者とやり取りする機会はあまりないのでいろいろと刺激をいただいた。

この勉強会を主宰しているのは、「日本一明るい経済新聞」を一人で立ち上げた竹原信夫さん。70歳を超えた現在も自ら記事を書き、テレビやラジオにも登場して活躍されている。実は、私が転身者に対するインタビューをはじめたきっかけは、竹原さんが日本工業新聞社を退職して一人でミニ新聞社を立ち上げた経緯を書いた新聞記事だった。特にその記事に掲載されていた竹原さんの「いい顔」がしばらく頭から離れなかった。

なぜだか分からないが、私は小さい頃から、物事を判断する基準は、人の顔つきだった。

だから社会人になった80年に「How many いい顔」（郷ひろみ）というタイトルの歌を聞いて、自分と同じ言葉を使う人がいるのだと驚いた。作詞家の阿木燿子さんだった。

採用の責任者だったときも目の前にいる就活生の笑顔が、採用可否の基準だった。人事申告書に次の希望部署を書く際にも、「本部で一番『いい顔』している課長は誰か？」を社内にヒアリングしたこともある。

また、中年になって会社を休職するにいたった動機は、このままの一本道では、うまくいかないと直感したからだ。実際に社内でエリートと目されている人たちの顔つきは、会社人間特有の息苦しさが垣間見えて私には必ずしも良いとは思えなかった。

自分の生き方を求めて五十歳から始めたインタビューでも、その人に話を聞きたいと思うかどうかは、「いい顔」がポイントだった。顔つきで判断することは私自身の処世術として身についていたのだ。

そのため以前から顔つきに関する書籍などにも興味を持っていた。

小説では、松本清張の短編小説『顔』、映画では、藤山直美を主人公にした阪本順治監督の『顔』もある。またアカデミー賞で2度のメーキャップ&ヘアスタイリング賞を受賞した辻一弘氏は、大きなサイズの頭像を制作する現代美術家でもある。『顔に魅せられた人生』（宝島社）という著作も興味深い。

彼はインタビューの中で、「顔には、その人の生きてきた過程がすべてあらわれるんです。だから単に見た目だけでなく、自分のなかでその人のストーリーを想像し、それをシワなどのディテールで表現していきます」、「自分がやりたいことをやっている人は、いい顔をしています。困難にあっても努力して解決していくことで、どんどん自信を得ていい顔になる」と述べている。彼は顔に対する関心を高い芸術の域まで高めている。

私も顔つきに助けられた

朝日新聞の2019年7月の夕刊に、「編集者がつくった本」という記事があって、そこに『定年後』（中公新書）の担当編集者の並木光晴さんの文章が掲載されていた。

著者の「いい顔」に直感

「楠木さんの『いい顔』なしに、『定年後』という本はあり得なかった。まだ面識がなかった頃、ある新聞記事に載った楠木さんの笑顔の写真を一目見て、ああこの人となら面白い仕事ができそうだと思ったのだ。編集者としての直感としか言いようがない。それは幸い的中し、まず『左遷論』、そして『定年後』でタッグを組むことになる。

（中略）私の手がけてきた新書は歴史関係が多い。しかも主として第一人者による概説書だ。楠木さんとの仕事には、未開拓の分野に挑戦したいという思いもあった。ともに手探りで本づくりを進めた『定年後』は、望外のヒット作という結果も相まって、編集者という仕事の醍醐《だいご》味を味わう得難い経験となった」

『定年後』の編集者との出会いのきっかけは新聞に掲載された私の顔写真だったのである。昔から人の顔に関心があったが私自身も顔つきで判断されていたのだ。並木さんがいなければ、『定年後』は日の目を見なかった。こう考えるとつくづくご縁の大切さが身に染みる。

上京して地下鉄に乗ると、何か不機嫌そうな顔をしたサラリーマンに数多く出会う。そこで感じることは、能力やスキルを高めながらキャリアを切り開いていくことももちろん必要であるが、自らを見つめ直すという視点も大切だということだ。子どもの頃に関心のあったことに再び取り組むとか、生まれ育った故郷のことを考えてあらためて父母や家族に感謝するとか、残りの人生の持ち時間に思いをはせて、自分が本当にやりたいことや自分に合ったことをやってみることだ。それが「いい顔」につながると思うのだ。

会社員の場合は、単に「会社に雇われる」ことだけを考えるのではなく、どうすれば自分にあった働き方ができるのかと自らに問うことだ。自分にとって本当に大切なものや、自分が果たすべき役割に気づいた人は、優しいまなざしをもった穏やかな表情になるというのが取材から得た実感である。また「いい顔」をしている人に話を聞くとヒントが得られると確信している。

なぜ「いい顔」になるのか

それでは人はなぜ「いい顔」になるのだろうか。ここでは2点紹介したい。一つは、「他人の役に立つ姿勢」であり、もう一つは、「死と再生のプロセス」ということだ。取材を通して感じてきたことである。

① 「他人の役に立つ姿勢」

インタビューを始める前は、転身者の「いい顔」は、組織からの命令や要請から離れて、自分の価値観で行動できるようになったからだと思っていた。ところが、すぐにそれだけではないことが分かった。五十人くらいに話を聞いたときに気がついたのは、彼らの姿勢である。

自分の価値観に基づいて「好きなことを仕事にする」ではなくて、「自分を使って何ができるか」の姿勢で誰かの役に立つことを真剣に考えていた。他人に感謝され、評価される心地よさが「いい顔」にさせているように思えたのだ。

私たちは自分の周囲にいる人や所属している組織のために貢献したい思いを本来強く持っている。自分のことだけを考えていては「いい顔」と離れていってしまう。ビジネス街の書店でも、奉公、献身の精神を主題とする山本周五郎や藤沢周平の本が多く手にとられていることを改めて思い出すのだ。

②「死と再生のプロセス」

大袈裟に言うと転身者は一度死んでいる人が多いのである。もちろん本当に死んだのではない。今まで固執していた生き方のある部分を捨てて(殺して)、そのスペースに新しいものを盛り込むのである。それが彼らを「いい顔」にしている。

NHKの放送記者から、プロの落語家に転じた林家竹丸さんは、私の問いかけに「『記者としては死んだ』『このまま記者を続ければ、落語家になりたい自分が死ぬ』という感覚だったように思います」と語ってくれた。

中年以降にもなれば、自分の過去に、いくつかの人生の節目があったことに思い至る人も少なくないだろう。その時に、自分の役割を変えることや新しい自分を見出すといった経験が「いい顔」につながっていくのだと考えている。

マスコミの取材を受けていて、「定年後に充実して過ごすためにはどうすればよいのですか？　一言で言ってください」と回答を求められたことがあった。一言で言えるのなら、こんな何年も取材やインタビューを続けていないわけであるが、その時は、「自分が『いい顔』になることに取り組めばいいのです」と答えた。その人が「いい顔」になる理由は人によっても異なっていて、そこに至るプロセスも人それぞれ違うところがオモロイのである。

楠木　新 くすのき・あらた
1954（昭和29）年、神戸市生まれ。京都大学法学部卒業後、生命保険会社入社。人事労務畑を中心に経営企画、支社長などを経験する。体調を崩したことをきっかけに50歳から職務と並行して取材・執筆・講演活動に取り組む。2015年定年退職。18年から神戸松蔭女子学院大学教授。著書に『定年後』『定年準備』『定年後のお金』（いずれも中公新書）、『人事部は見ている。』（日経プレミアシリーズ）、『就活の勘違い』（朝日新書）など多数。

朝日新書
815

定年後《ていねんご》の居場所《いばしょ》

2021年 5 月30日 第 1 刷発行

著　者　楠木　新

発行者　三宮博信
カバーデザイン　アンスガー・フォルマー　田嶋佳子
印刷所　凸版印刷株式会社
発行所　朝日新聞出版
〒104-8011　東京都中央区築地 5-3-2
電話　03-5541-8832（編集）
　　　03-5540-7793（販売）

Published in Japan by Asahi Shimbun Publications Inc.
ISBN 978-4-02-295125-0
定価はカバーに表示してあります。

落丁・乱丁の場合は弊社業務部（電話03-5540-7800）へご連絡ください。
送料弊社負担にてお取り替えいたします。

疫病と人類
新しい感染症の時代をどう生きるか

山本太郎

新型インフルエンザ、SARS、MERS、今回のコロナウイルス……近年加速度的に出現する感染症は、人類に何を問うているのか。そして、過去の感染症は社会にどのような変化をもたらしたのか。人類と感染症の関係を文明論的見地から考える。

教員という仕事
なぜ「ブラック化」したのか

朝比奈なを

日本の教員の労働時間は世界一長い。また、教員間のいじめが起きたりコロナ禍での対応に忙殺されたりと、労働環境が年々過酷になっている。現職の教員のインタビューを通し、現状と課題を浮き彫りにし、教育行政、教育改革の問題分析も論じる。

ルポ トラックドライバー

刈屋大輔

宅配便の多くは送料無料で迅速に確実に届く。だが、IoTの進展でネット通販は大膨張し、荷物を運ぶトラックドライバーの労働実態は厳しくなる一方だ。物流ジャーナリストの著者が長期にわたり運転手に同乗取材し、知られざる現場を克明に描く。

坂本龍馬と高杉晋作
「幕末志士」の実像と虚像

一坂太郎

幕末・明治維新に活躍した人物の中でも人気ツートップの坂本龍馬と高杉晋作。生い立ちも志向も行動様式も異なる二人のキャラクターを著者が三十余年にわたり蒐集した史料を基に比較し、彼らを軸に維新の礎を築いた志士群像の正体に迫る。

京大式　へんな生き物の授業

神川龍馬

微生物の生存戦略は、かくもカオスだった！　光合成をやめて寄生虫になった者、細胞から武器を発射する者……。ヘンなやつら、ズルいやつらのオンパレードだ。京大の新進気鋭の研究者が、偶然の進化に満ちたミクロの世界へご案内。ノープランとムダが生物にとっていかに大切かを説く。

正義の政治経済学

水野和夫
古川元久

コロナ禍から1年。いまこそ資本主義、民主主義の新世紀が始まる。コロナバブルはどうなる？　定常社会の実現はどうなる？　「正義がなければ、王国も盗賊団と変わらない」。アウグスティヌスの教訓と共に具体的なビジョンを掲げる経済学者と政治家の「脱・成長教」宣言！

あなたのウチの埋蔵金
リスクとストレスなく副収入を得る

荻原博子

家計の「埋蔵金」とは、転職や起業、しんどい副業、リスクの高い投資、つらい節約など「ストレスのかかること」を一切せずに、家計と生活の見直しで転がり込んでくるお金のこと。ノーリスクで毎月！　年金がわりに！　掘ってみませんか？　あなたの家計の10年安心を実現する一冊。

朝日新書

定年後の居場所

楠木　新

定年後のあなたの居場所、ありますか？　ベストセラー『定年後』の著者が、生保会社を60歳で定年退職した後の自らの経験と、同世代のご同輩への豊富な取材を交え、仕事、お金、趣味、地域の絆、ウィズコロナの新しい生活などの観点からアドバイスする。

戦国の村を行く

藤木久志

解説・校訂　清水克行

悪党と戦い百姓が城をもった村、小田原攻めの豊臣軍からカネで平和を買った村など、戦乱に加え、略奪・人身売買・疫病など過酷な環境の中を人々はいかに生き抜いたのか。したたかな村人たちと生命維持装置としての「村」の実態を史料から描く。戦国時代研究の名著復活。

旅行業界グラグラ日誌

梅村　達

著者は67歳の派遣添乗員。現場では理不尽なお客や海千山千の業界人が起こすトラブルに振り回される日々。魑魅魍魎な旅行業界の裏側を紹介しつつ、コロナの影響にも触れる。笑えたりほろりと泣けたり、読んで楽しいトラベルエッセイ。